Lernkrimi Schwedisch

Iskallt mord

Malin Leijon
Charlotte Müntzing

circon

Vokabeltraining
zum Buch!

Lerne die Vokabeln zu diesem Buch: Mit phase6, Deutschlands führenden Vokabeltrainer.

Mit phase6 übst du deine Vokabeln über Computer, Tablet und Smartphone mit Android oder iOS.

Der Circon Verlag schenkt dir die erste Vokabelsammlung zu seinen Büchern. Nur erhältlich über diesen Link (QR-Code).

www.phase6.de/s/a2667

phase6 **Der beste Sprachtrainer für die Schule.**

Baierbrunner Straße 27, 81379 München
Ausgabe 2023
5. Auflage

Redaktion: Isabella Bergmann
Fachkorrektur: Fredrik Ahnsjö, Lovisa Moberg
Produktion: Ute Hausleiter
Titelillustration: Karl Knospe
Lernkrimi-Logo: Carsten Abelbeck
Gestaltung: red.sign GbR, Stuttgart
Umschlaggestaltung: red.sign GbR, Stuttgart

ISBN 978-3-8174-1935-7
381741935/5

Besuchen Sie uns auf Instagram und Facebook: circonverlag
www.circonverlag.de

Vorwort

Liebe Leserin, lieber Leser,

sicher zum Lernerfolg – mit Spaß und Spannung! Die Compact Lernkrimis mit ihrer Kombination aus fesselnder Lektüre und didaktischem Übungsanteil eignen sich hervorragend, um breite Sprachkompetenzen in der Fremdsprache zu erwerben. Der Lernende wird dabei durch die spannende Handlung, das angemessene Sprachniveau und den stetig ansteigenden Schwierigkeitsgrad der Übungen gefördert und motiviert. Entwickelt nach neuesten Erkenntnissen der Fremdsprachendidaktik, sind Compact Lernkrimis das ideale Medium für einen Lernerfolg im Selbststudium. Durch die kleinen Texteinheiten und den hohen Übungsanteil sind sie aber auch als Unterrichtslektüre bestens geeignet.

So lernen Sie mit Compact Lernkrimis:

- **Mit Begeisterung lernen:** Die packende Krimihandlung motiviert Sie beim Lesen des schwedischen Originaltextes.
- **Wissen intensivieren und erweitern:** Durch die Kombination aus didaktisierter Lektüre und textbezogenen Übungen testen und trainieren Sie Ihre Sprachkenntnisse effektiv. Vokabelangaben auf jeder Seite unterstützen Sie beim Lesen.
- **Systematisch lernen:** Knüpfen Sie an Ihr individuelles Sprachniveau an und setzen Sie eigene Lernziele.
- **Unabhängig sein:** Lernen Sie ganz individuell – wo und wann Sie wollen.

Viel Spaß beim spannenden **Erlernen der schwedischen Sprache** wünscht Ihnen

Prof. Dr. Christiane Neveling
Didaktik der romanischen Sprachen, Universität Leipzig

Inhalt

Iskallt mord

Charlotte Müntzing

1 Snöstorm

Hon vaknar. Det blåser. Det blåser mycket. Det är storm och mörkt utanför fönstret. Hon tittar på klockan. Kvart över tre. Om fyra timmar ska hon stiga upp. Hon drar täcket över **axlarna** för att få värme. Hon **blundar** och försöker sova. Vinden **skakar** huset. Då hör hon det. Larmet går i **hönshuset**. Hon sätter sig upp i sängen. Någon har öppnat dörren till hönshuset. Hon viker täcket åt sidan och sätter ner fötterna på det kalla golvet. Genom fönstret ser hon ut i snöstormen. **Snöflingorna** ser ut som en vit vägg i mörkret. Dörren till hönshuset slår fram och tillbaka i vinden. Varför är dörren öppen? Är hönsen kvar därinne? Vad är det som händer? Hon **skyndar** nedför trappan och tar en jacka från kroken bredvid dörren. Hon öppnar den. Kylan slår henne i ansiktet. Som en

> Bei **Substantiven**, die auf -e + Konsonant enden, fällt dieses -e im Plural weg. So wird beispielsweise aus **axel** dann **axlar**, aus **vinter vintrar** und aus **fågel fåglar**.

> In Schweden wird die private **Hühnerhaltung** immer beliebter, da es dem Selbstversorger-Trend gerecht wird. Es gibt ein paar alte **schwedische Hühnerrassen** wie das schwedische Schwarzhuhn oder das Blumenhuhn (*Skånsk blommehöna*), die sich großer Beliebtheit erfreuen.

axel *u*	Schulter
blunda	Augen schließen
skaka	schütteln, rütteln
hönshus *n*	Hühnerstall
snöflinga *u*	Schneeflocke
skynda	sich beeilen

örfil. Hon skyndar genom snödrivorna bort mot hönshuset. Hon knäpper jackan.

"Hej flickor. Hur är det?" Hon sträcker ut handen mot **lysknappen**. Slaget träffar henne i **bakhuvudet**. Hon faller med ansiktet rakt ner i **hö** och strö. Det sista hon ser är den färggranna **tuppen**.

Sedan blir allt svart.

Det är morgonmöte på polishuset i Norrköping(i).

"Man har hittat en död kvinna i ett hönshus", säger **vakthavande** befäl. "Hon är **antagligen** mördad. Kriminalinspektör Andersson leder **utredningen**. Kriminaltekniker är redan på plats."

Hönshus! Andersson **suckar** djupt. Då är det ute på landet. Andersson vill se bandymatchen(i) på idrottsplatsen inne i Norrköping i kväll. Det kommer han inte att **hinna**. Nu ska han ut och åka på landet.

"Vet du någonting om höns?" frågar han sin assistent Berglund när de sitter i bilen.

"Ja. Min syster har höns och jag hjälper henne med dem ibland. Städar, ger dem mat och vatten..."

> **Norrköping** ist eine Stadt an der Ostseeküste in der schwedischen Provinz Östergötland mit fast 100.000 Einwohnern, eine gute Stunde mit dem Zug von Stockholm entfernt. Über 400 Jahre war die Stadt Zentrum der schwedischen Textilindustrie. Die ehemaligen Fabrikgebäuden sind sehr ansprechend restauriert worden. Heute findet man dort einen sehr schönen Kulturbereich mit zahlreichen Cafés, Galerien und Kinos.

> **Bandy** ist der Vorläufer des heutigen Eishockeys. In Schweden ist Bandy die drittgrößte Mannschaftssportart und sehr populär.

örfil *u*	Ohrfeige
lysknapp *u*	Lichtschalter
bakhuvud *n*	Hinterkopf
hö *n*	Heu
tupp *u*	Hahn (zool.)
vakthavande	diensthabend
antagligen	vermutlich
utredning *u*	Ermittlung
sucka	seufzen
hinna	(zeitlich) schaffen

Övning 1: Ordförståelse. Welches Wort passt nicht in die Reihe? Unterstreichen Sie!

1. storm vind kyla värme snödriva
2. axel hönshus fot ansikte bakhuvud
3. dörr fönster täcke golv trappa
4. höns hund katt mus strö

"**Utmärkt**!" Andersson **avbryter** honom. "Då kan du ta hand om hönsen när vi kommer dit."
Berglund ser på sina nyputsade **kängor**. Han suckar.
"Ska jag **skotta snö** också?" frågar han när de kommer fram till ett hus där det ligger massor med snö. Utanför huset står en polisbil parkerad. Två poliser sitter i bilen och dricker kaffe.
"Vi värmer oss med lite varmt kaffe", säger en av poliserna. Han visar vägen till ett hönshus.

utmärkt	ausgezeichnet
avbryta	unterbrechen
känga *u*	Stiefel
skotta snö	Schnee schaufeln
randig	gestreift
gärningsman *u*	Täter

"Här är det", säger han och öppnar dörren. På golvet ligger en kvinna. Hon är klädd i **randig** pyjamas, kängor och en tjock vinterjacka. Huvudet är täckt av mörkt blod och hår.
"Vilket slag hon har fått", säger Andersson. "**Gärningsmannen** måste vara riktigt stark."
"Ja, och lång", säger en av poliserna. "Slaget har kommit uppifrån."

”Har ni hittat mordvapnet?”
”Nej. Det finns inte här i hönshuset. Ligger det i **trädgården**, så är det översnöat nu. Det kommer väl fram i vår.”
Andersson ser på hönsen som sitter i ett hörn av huset. De är alldeles tysta. De ser uppmärksamt på honom.
”Du”, säger han och pekar på tuppen. ”Det är väl du som är chef här. Kan du berätta för mig vad som händer?” Men tuppen **tiger**.

trädgård *u*	Garten
tiga	schweigen
noggrann	genau
skillnad *u*	Unterschied
höna *u*	Huhn (zool.)
mata	füttern
bostadshus *n*	Wohnhaus
välstädat	sauber, aufgeräumt

”Det är fina höns, det här”, säger Berglund som kommer in i hönshuset. ”Riktigt fina”, säger han och ser mer **noggrant** på dem.
”Jaså”, säger Andersson ointresserat. Han kan se **skillnad** på en tupp och en **höna**ⓘ, men mer är det inte. Höns är inte ett av hans stora intressen. Det är bandy.

ⓘ Wenn man das Tier Huhn meint, dann sagt man **höna**, aber wenn man ein Hähnchen zu Mittag essen möchte, dann fragt man nach einem **kyckling**. Dieses Wort kann auch ein (lebendiges!) Küken bezeichnen. Die Mehrzahl von **höna** ist übrigens **hönor**, aber auch die Formen **ett höns, flera höns** werden benutzt – daher auch **hönshus**.

Den döda kvinnans kropp blir hämtad. En stund senare kör även polisbilen iväg. Berglund **matar** hönsen. Andersson går in i **bostadshuset**. Han går runt i alla rummen och ser att kvinnan har levt där ensam. Det är **välstädat** och ordentligt. Det finns inga spår efter någon annan människa. Golvet innanför ytterdörren är rent som ett matsalsbord. Det finns inget spår av vatten på golvet. Här har ingen gått in i natt, tänker Andersson. Vid ytterdörren sitter ett larm. En lampa blinkar rött.

Hon går alltså ut till hönshuset mitt i natten därför att larmet går, tänker Andersson. Där blir hon överfallen. Men varför? Det här är inte en kriminell människas hem. Det är inte en **uppgörelse** mellan kriminella. I köket står en espressomaskin och bredvid den en bröd**burk**. Andersson öppnar burken. Han tittar länge på **frukostbullarna** som ligger där. Hembakat, tänker han. Han hittar kaffe i ett av skåpen. När Berglund senare kommer in i köket sitter Andersson vid köksbordet och dricker kaffe och äter ostsmörgås.

uppgörelse *u*	Abrechnung
burk *u*	Dose
frukostbullar *pl*	Brötchen
granne *u*	Nachbar
lik *n*	Leiche
muntra upp	aufheitern
blek	blass
id-kort *n*	Personalausweis
kalla	nennen
morra	knurren
skugga *u*	Schatten
mössa *u*	Mütze
sår *n*	Wunde
känna	(persönlich) kennen
undra	(sich) fragen

"Ta du", säger han. "Det finns till dig också. Mycket gott bröd. När du har ätit kan du gå och hämta **grannen**. Det var han som hittade henne."

> Personen- und Berufsbezeichnungen wie **granne, polis** und **chef** werden im Schwedischen als geschlechtsneutral benutzt. Möchte man hervorheben, dass es sich z.B. um eine Polizistin handelt, sagt man **kvinnlig** (weiblich) **polis**.

"Kaffe?" Andersson sträcker fram en kopp till grannen, Frans Jansson, som nu sitter mitt emot honom vid köksbordet.

"Är det **liket** som bjuder?" frågar Jansson i ett försök att **muntra upp** sig själv. Han är alldeles **blek**. Händerna darrar när han för koppen mot munnen.

"Kan du berätta hur det gick till när du upptäckte Margareta?" säger Andersson.

"Margareta?" Jansson ser frågande ut. "Hon heter – jag menar hette – Christina. Christina Nilsson", säger han.
Andersson tittar på **id-kortet**ⓘ som han håller i handen.

> ⓘ Zu **identitetskort** sagt man auch ganz einfach **id-kort**. Diese Identitätskarte beinhaltet die schwedische zehnstellige **Personennummer**, die jede Person erhält, die in Schweden vom Meldewesen registriert wird. Diese Nummer ist in Schweden so wichtig wie ein Personalausweis.

"Jaha," säger han. "Christina Margareta Nilsson. Hon **kallas** Christina."
"Min hund väcker mig", säger Jansson. "Han **morrar** och springer från fönster till fönster. Jag går upp och tittar ut. Då ser jag någon som rör sig över Christinas mark. Det är snöstorm. Jag ser bara några **skuggor**. Så tänder någon lampan i hönshuset. Då förstår jag att någonting är fel. Jag tar på mig kläder, stövlar, **mössa**, handskar och går ut. Det tar lite tid att få på allt det där. Det tar en stund innan jag kommer fram till hönshuset. Då ligger hon där på golvet. Att hon är död förstår jag genast. Ett långt, djupt **sår** över huvudet."
"**Kände** ni varandra väl?" **undrar** Andersson.

Övning 2: Fyll i tomrummen. Setzen Sie das passende Wort ein!

utanför | varför | bredvid | som | ingenting | ~~och~~

Andersson **1.** _____*och*_____ Berglund arbetar

2. ______________ poliser.

3. ______________ blir hon överfallen?

Tuppen står **4.** ______________ hönorna.

Andersson vet **5.** ______________ om höns.

6. ______________ huset finns massor med snö.

"Inte så väl kanske. Men vi var ju grannar. Jag hjälpte henne lite med huset ibland. Förra veckan arbetade jag med **taket**ⓘ i hönshuset. Två **snickare** byggde hönshuset, men taket inne i huset blev inte färdigt. Christina frågade om jag kunde göra det. Nu är det ordentligt **skruvat**."

> ⓘ Achtung! **Tak** kann sowohl Dach als auch Zimmerdecke bedeuten.

Han sträcker lite stolt på sig. Andersson pratar länge med Jansson. Ingenting Jansson berättar förklarar varför Christina har blivit mördad eller av vem. Jansson **reser sig** för att gå hem.

tak *n*	Dach
snickare *u*	Tischler, Schreiner
skruva	(an)schrauben
resa sig	aufstehen

I dörren vänder han sig om. "Jag hjälpte henne att sätta in larmet i hönshuset också", säger han.

"Varför ville Christina ha ett larm i hönshuset?" frågar Andersson. "Vet du det?"

"Ja. Hon sa att någon hade varit inne hos hönsen på nätterna. Det är fina höns, det där. Hon var väl rädd att någon skulle stjäla dem. Hönsen blir rädda om de hör larmet. Därför **hörs**ⓘ inte larmet inne i hönshuset."

> ⓘ Im Schwedischen wird der **Passiv** gebildet, indem man an die Präsens- oder Präteritumform des Verbs ein -s anhängt. Diese Form entspricht im Deutschen auch oft einer Struktur mit "man".
>
> Z. B.: *Hon **kallas** Christina.* – Sie wird Christina genannt./Man nennt sie Christina. *Larmet **hörs** inte i hönshuset.* – Man hört den Alarm im Hühnerstall nicht.

2 Den blå bilen

Berglund är ute och **knackar** på alla dörrar. Han frågar alla i **byn** om de har sett eller hört någonting.

Övning 3: Prepositioner. Lesen Sie weiter und setzen Sie die fehlenden Präpositionen ein!

på   över   i   ~~vid~~   till

Andersson sitter **1.** _vid_ köksfönstret. Han ser ut

2. ________ sjön som ligger en bit bort. Egentligen

borde han åka **3.** ________ polishuset

4. ________ Norrköping och arbeta. Han ser

5. ________ klockan.

Han hinner till bandymatchen om de åker nu. Men han sitter kvar vid bordet. Så reser han sig och går in i **vardagsrummet**. Från ett av fönstren har han bra utsikt över både hönshuset och landsvägen. Han står länge vid fönstret och funderar. Sedan vänder han sig om och ser på den stora **braskaminen**. Tio minuter senare brinner det en **eld**

knacka	klopfen
by *u*	Dorf
vardagsrum *n*	Wohnzimmer
(bras-) kamin *u*	(Feuer-) Kamin
eld *u*	Feuer

i kaminen. Andersson drar fram en **fåtölj** till kaminen och sätter sig. I Christinas skrivbord har han hittat ett par böcker. Dem har han nu i knäet. Det är en kassabok och en dagbok. Han börjar med kassaboken. Hon säljer tydligen blommor, tänker han, för här och där står det: Blommor 844 kronor[i], Blommor 555 kronor, Blommor 1676 kronor. Konstigt. Var kommer de blommorna ifrån?

Elden sprider en skön värme. Utanför fönstret börjar det bli mörkt. Klockan är nästan halv fyra på eftermiddagen. Berglund kommer in i huset. Han står nu i hallen och borstar snö av sina kängor.

"Nå", säger Andersson. "Fick du veta något?"

"Inte mycket. Christina levde ensam här med sina höns. Inga **släktingar**. Några väninnor som hälsar på ibland. En av dem brukar bo här hela sommarlovet."

Berglund drar fram en stol till elden.

"Det här är skönt", säger han och **gnuggar** sina **frusna** fingrar. "En dam jag pratade med trodde att hon några gånger har sett en man hos Christina. En snickare som bor i andra änden av byn är rätt sur på henne för att han inte fick bygga om hönshuset. Några andra kommer hit och köper ägg. De vet bara hur mycket äggen kostar och att de är goda."

Andersson står vid fönstret och ser ut mot landsvägen.

> **Bargeldlose Zahlung** ist in Schweden selbstverständlich und man kann ohne Probleme auch Kleinstbeträge mit EC-Karte begleichen. Trotzdem wurden 2015 neue Scheine und Münzen der **schwedischen Krone** in Umlauf gebracht.
>
> Auf der Vorderseite der farbenfrohen Scheine sind wichtige schwedische Persönlichkeiten wie z.B. die Kinderbuchautorin Astrid Lindgren oder auch die Schauspielerin Greta Garbo abgebildet. Auf der Rückseite sind schwedische Provinzen mit typischen Motiven und der Blume zu sehen, die der jeweiligen Provinz symbolisch zugeordnet sind.

"Titta!" säger han plötsligt. Berglund reser sig och går fram till Andersson. "Ser du den där blå bilen?" frågar Andersson. Han pekar ner mot vägen. En blå bil kör sakta vägen fram.
"Ja", säger Berglund. "Den där har jag sett flera gånger i dag. Den körde förbi **i morse** också."
"Kom!" Andersson är redan ute i hallen. Han tar sina ytterkläder och springer ut genom dörren. I handen har han bilnycklarna. Det har snöat hela dagen och Anderssons bil ser nu ut som en gigantisk marshmallow.
En halvtimme senare är bilen snöfri och vägen ner till landsvägen är skottad. Den blå bilen är försvunnen.
"Vi kör in till byn. Kanske finns den där", säger Andersson. I en timme kör de runt och letar. Av den blå bilen finns inte ett spår.
"Vi går in här och frågar", säger Andersson och stannar utanför byns **värdshus**.
Bakom **bardisken** står en lång man **i femtioårsåldern**.
"En blå bil. En kombi," säger han när Andersson frågar om han känner till en sådan bil.
"Just det. En blå kombi", säger Andersson och **spänner ögonen i** honom. Mannen bakom bardisken trummar med fingrarna mot disken. Han slickar sig om läpparna och ser ner i disken.
"Nja", börjar han, men blir avbruten av Berglund som kommer tillbaka efter ett besök på toaletten.
"Min chef här, kriminalinspektör Andersson, frågar dig om den blåa kombin som står parkerad bakom värdshuset. Man ser den genom toalettfönstret", säger han till Andersson. Mannen

fåtölj *u*	Sessel
släkting *u*	Verwandte(r)
gnugga	reiben
frusen	gefroren, erkaltet
i morse	heute morgen
värdshus *u*	Gasthaus
bardisk *u*	Bartheke
i femtioårsåldern	um die fünfzig (Jahre alt)
spänna ögonen i ngn	jdn. scharf ansehen

bakom disken **sväljer** flera gånger. Han är vit i ansiktet. Så **tar** han **ett djupt andetag**. Han sträcker på ryggen och **räcker fram handen** mot Andersson.

"Jag heter Mats Sjöström", säger han, "och jag är **ägare** till det här värdshuset. Vi går in på mitt kontor och pratar."

"Får jag **bjuda på** någonting att dricka?" frågar han när de sätter sig i var sin stol inne på kontoret.

svälja	schlucken
ta ett djupt andetag	tief einatmen
räcka fram handen	die Hand reichen
ägare *u*	Besitzer
bjuda på	anbieten
i tjänst	im Dienst
armbåge *u*	Ellenbogen

Andersson vill gärna ha ett av de där glasen med öl som han såg i baren, men i stället säger han lite kort:

"Nej tack. Vi är **i tjänst**." Han lutar sig fram, stöder **armbågarna** mot knäna och ser på Sjöström. "Hur är det med bilen?"

"Det är min bil. Jag förstår att ni har sett den. Jag har kört förbi Christinas hus flera gånger idag. Jag vill ju veta vad som har hänt."

"Hur väl kände du Christina?" undrar Berglund.

Övning 4: Räkneord. **Schreiben Sie die Ziffern in Worten auf!**

1. 24 *tjugofyra*
2. 44 ______________________
3. 55 ______________________
4. 68 ______________________
5. 76 ______________________

Sjöström **tvekar**. Han ser ner i bordet.
"Min fru och Christina var väninnor", säger han till slut.
"Jag tror att det är så här", säger Andersson. "Rätta mig om jag har fel. Du har haft ett **förhållande** med Christina. Du är **gift**."
Andersson **pekar** på ringen på mannens vänstra ringfinger. "Din fru är **delägare** i värdshuset så av ekonomiska skäl kan du inte **skilja** dig." Andersson reser sig och tar ner ett fotografi från väggen. Det **föreställer** Mats Sjöström och en kvinna och är ett tack till värdshusets båda ägare från en nöjd kund.
Mats Sjöström gråter. Efter en stund lugnar han sig. Han **snyter sig**. Han **snurrar** näsduken mellan fingrarna och berättar att han och Christina har haft ett förhållande i fyra år. Han älskar henne. De har **lyckats** hålla det hemligt.

tveka	zögern
förhållande *n*	Verhältnis
gift	verheiratet
peka	zeigen
delägare *u*	Teilhaber
skilja sig	sich scheiden (lassen); sich trennen
föreställa	darstellen
snyta sig	sich die Nase putzen
snurra	drehen
lyckas	gelingen, schaffen
lösa ut	auszahlen
skilsmässa *u*	Scheidung

"Under de här åren har vi sparat och sparat för att jag ska kunna **lösa ut** min fru vid en **skilsmässa**. Förra månaden hade vi ett tillräckligt stort kapital. Jag berättar då alltihop för min fru och säger att jag vill skiljas."
"Vad säger hon då?" undrar Berglund.
"Hon säger ingenting på en månad."

> **Arvika** liegt am See Glafsfjorden in der Provinz Värmland län. Diese Gegend gilt als eines der wasserreichsten Gebiete Schwedens.

"Var är din fru nu?" undrar Andersson.
"Hon reste till sin kusin i Arvika i går. Hon lämnade en lapp på köksbordet."

Övning 5: Översättning. **Übersetzen Sie folgende Begriffe und enträtseln Sie das Lösungswort!**

1. linke ☐ _ _ _ _ _ _
2. Knie _ _ ☐
3. Schnee _ ☐ _
4. Auto _ ☐ _
5. typ. schwedischer Wintersport _ _ ☐ _ _
6. komisch _ _ ☐ _ _ _ _
7. Augen _ _ ☐ _
8. Gasthaus _ _ ☐ _ _ _ _ _

Lösung: ☐☐☐☐☐☐☐☐

"Vad gjorde du själv i går kväll?"
"Vi hade en 50-årsmiddag här för hundra personer. Det blev sent innan allt var klart, så jag åkte hem till mig och sov. På morgonen gick jag upp tidigt och körde till Christina. Jag brukar äta frukost hos henne så ofta jag kan."
Andersson tänker på brödburken med alla de goda frukostbullarna. För en person var det för många. Men för två var det helt rätt.
Berglund skriver ner telefonnummer och adress till kusinen i Arvika. Andersson sitter tyst.
"Blev Christina lycklig när du berättade att din fru vet om hela historien?" frågar han.

"Ja, det blev hon. Hon tyckte inte om allt **smussel**. Vi har ju sparat och arbetat hårt för att få fram alla pengarna så det var skönt att komma i **mål**."

"Vi kommer tillbaka i morgon och pratar med dig, så res **ingenstans**", säger Andersson och går mot dörren. När de sitter i bilen vänder han sig till Berglund och säger: "Nu **skjutsar** du mig tillbaka till Christinas hus. Sedan kan du ta bilen och åka till Norrköping. Jag stannar här i natt. I morgon kommer du hit. Då har du med dig din syster. Hon får ta hand om hönsen."

Berglund ska just köra till Norrköping när Andersson kommer ihåg en sak.

"Vänta! Först matar du hönsen", säger han. "Sedan åker du."

smussel *n*	Heimlichtuerei
mål *n*	Ziel
ingenstans	nirgendwohin, nirgends
skjutsa ngn	jdn. fahren
sprida	verbreiten
skum *n*	Schaum

Berglund ser lite tveksam ut. Andersson lutar sig fram och spänner ögonen i honom: "Ska vi säga så?!" Berglund suckar djupt, stänger av bilens motor och går in i hönshuset. I dörren stannar han och tittar på sina blanka kängor. Han hade passat på att putsa dem inne på värdshusets toalett. "Allt arbete förgäves", muttrar han innan han stänger dörren bakom sig.

Andersson tänder en eld i kaminen. Snart **sprider** den en skön värme i huset. Termometern på utsidan av huset visar -22 grader. Det är helt svart utanför fönstren. Långt nere på landsvägen lyser två gatlampor. Det har slutat snöa. Alltid något att vara glad för, tänker Andersson. Skotta snö är det värsta han vet.

Andersson sätter sig i stolen framför elden. Det känns skönt. Han tänker på ölen på värdshuset. Den såg god ut. Kall och med mycket **skum**. Han reser sig och går ut i köket. På en hylla finner han en flaska sherry. Nej – det vill han inte ha. Han öppnar dörren till **kylskåpet**. ”Men Christina lilla”, säger han. ”Visste du att jag skulle komma hit?” I kylskåpet finns en burk med **inlagd sill**, en flaska snaps och två öl[i]. Potatis hittar han i ett skåp och snart kokar den i en **kastrull** på spisen.

SOS – smör, ost och sill – kan det bli bättre? tänker Andersson när han sjunker ner i fåtöljen framför kaminen.

kylskåp *n*	Kühlschrank
inlagd sill *u*	eingelegter Hering
kastrull *u*	Kochtopf

In der schwedischen Sprache gibt es einige **falsche Freunde**, also Wörter, die deutschen Wörtern ganz ähnlich sind, aber eine andere Bedeutung haben. Hier ein paar gängige Beispiele:

öl = Bier, Öl = olja; ganska = ziemlich, ganz = helt; en stund = eine Weile, Stunde = timme; irriterad = verärgert, irritiert = snopen; svimma = ohnmächtig werden, schwimmen = simma; springa = laufen, springen = hoppa

Övning 6: Rätt eller fel? Welche Aussagen sind korrekt? Kreuzen Sie an!

1. Andersson älskar att skotta snö. ❑
2. Sjöström arbetar som snickare. ❑
3. Jansson var Christinas älskare. ❑
4. Berglund är Anderssons chef. ❑
5. SOS = smör, ost och sill. ❑

3 Dyrbara blommor

Andersson sover djupt när larmet går. Han far upp ur fåtöljen och går fram till fönstret. Genom fönstret ser han ljuset från en **ficklampa** inne i hönshuset.

"Nä, nu jävlar (i)", säger han och **smyger** tyst ut i trädgården. Försiktigt närmar han sig hönshuset. Dörren öppnas och en person **rusar** ut. "Polis! Stanna! Jag **skjuter**", skriker Andersson, men personen försvinner. En bil startar längre ner på landsvägen och Andersson ser ljuset från billyktorna. Bilen kör **snabbt** därifrån. Nu hör Andersson att hönsen **för ett fasligt liv**. Fascinerad stirrar Andersson på tuppen som hoppar upp och ner och skriker. Han vänder sig om för att gå ut ur hönshuset. Då råkar han sparka till någonting hårt. Andersson **böjer sig** ner och tar upp en **skruvdragare** som ligger halvt begravd i ströet. Så stänger han snabbt dörren så att inga höns ska komma ut.

> Geflucht wird auf Schwedisch hauptsächlich mit religiös behafteten Begriffen. **Jävlar** stammt von dem Wort **djävul** (Teufel) ab. Andere Beispiele sind **fan** (ein anderer Name für Teufel) und **helvete** (Hölle). Das Wort **skit** (Scheiße) ist im Vergleich dazu relativ harmlos.

dyrbar	wertvoll, kostbar
ficklampa *u*	Taschenlampe
smyga	schleichen
rusa	rennen, eilen
skjuta	schießen
snabb	schnell
föra ett fasligt liv	furchtbaren Lärm machen
böja sig her	sich bücken, sich hinunterbeugen
skruvdragare *u*	elektr. Schraubenzieher, Akkuschrauber

”Vad är det frågan om?” muttrar Andersson för sig själv. Han ser på klockan. Den är kvart över fem. Han har sovit nästan hela natten i fåtöljen framför den kalla kaminen. Och nu är han våt om fötterna.

Resten av morgonen läser han Christinas dagbok. Han **torkar** sina våta strumpor framför elden som brinner i kaminen igen. Han äter upp de sista frukostbullarna. I dagboken skriver Christina om sin trädgård, om alla växter och hur hon planerar sitt arbete där. Hon odlar grönsaker och mycket mat till hönsen. På sista sidan skriver hon mer personligt:

torka	trocknen
orolig	besorgt
kyckling *u*	Küken; Hähnchen (Essen)
klia sig i huvudet	sich am Kopf kratzen
syfta på	sich beziehen auf, meinen
(o)fräsch	(nicht) frisch, (nicht) sauber
lucka *u*	Klappe
inte få en blund i ögonen	kein Auge zumachen können

*Jag är **orolig**. Vid flera tillfällen ser jag hur någon smyger runt hönshuset om nätterna. Om tuppen försvinner får jag problem. De unga tupparna är inte gamla nog att ta hand om hönsen. Då får jag inga **kycklingar** i vår. Det blir ett års förlorad inkomst.*

Hon skriver att hon tänker installera ett larm. Längst ner på sidan står det.

Kan det vara M? Hönsen är ju lugna.

M? Vem är M? Andersson **kliar sig i huvudet**. Den ende i den här historien som heter någonting som börjar på M är Christinas älskare Mats. Men varför skulle han smyga runt hönshuset? Vad heter Mats fru? Andersson tittar i sitt anteckningsblock. Ulrika står det. Inte ett enda M där, tänker Andersson. Vem **syftar** Christina **på**?

Övning 7: Verb. Lesen Sie weiter und setzen Sie das passende Verb in der korrekten Zeitform ein!

stänga ~~stanna~~ borsta sova stoppa se

En bil **1.** ___*stannar*___ utanför fönstret. Det är Berglund och en kvinna. Andersson **2.** ________________ dem genom fönstret.

Plötsligt känner han hur **ofräsch** han är. Han har **3.** ________________ i sina kläder. Han har inte duschat, inte ens **4.** ________________ tänderna. Snabbt **5.** ________________ han in snapsglaset och silltallriken i diskmaskinen och **6.** ________________ **luckan**.

Snapsflaskan åker lika fort tillbaka in i kylskåpet. När Berglund och kvinnan kommer in i matrummet sitter Andersson vid bordet. Framför sig har han sin laptop, Christinas böcker och ett anteckningsblock. Han skriver.
”Har du jobbat hela natten?” frågar Berglund och presenterar sin syster Helena för Andersson.
”Det har varit en lång natt”, svarar Andersson. ”Jag har **inte fått en blund i ögonen**.” Så berättar han om nattens besökare i hönshuset. ”Nu går vi ut till hönsen så får du förklara för mig varför de är så intressanta att deras ägare blir mördad”, säger

han till Helena. Han slår av larmet och tillsammans går de ut till hönshuset.
Hönsen står tätt tillsammans i den bortre delen av hönshuset. Tuppen är mycket uppmärksam. Helena går sakta fram till dem och **sätter sig på huk**. Hon pratar tyst. Hönorna lyssnar.
Efter en stund reser hon sig långsam.
"Den här **flocken** är känd i **avelskretsar**", säger hon till Andersson. "Det är en gammal svensk **lantras**. Christina har med sitt avelsarbete **förstärkt** deras positiva sidor. Bland annat **värper** de nu väldigt bra."
"Vad kostar en sådan där höna?" undrar Andersson. Han pekar på en vacker kopparfärgad höna som har **fjädrarna** täckta med vita **prickar**.

sätta sig på huk	in die Hocke gehen
flock *u*	Herde, Schwarm
avel *u*	Zucht
krets *u*	Kreis
lantras *u*	Landrasse
förstärka	verstärken
värpa	Eier legen
fjäder *u*	Feder
prick *u*	Punkt
slå ihjäl ngn	jmd. umbringen
stamtavla *u*	Stammtafel
fösa undan	zur Seite schieben
minne *n*	Gedächtnis
sparka	treten, einen Tritt geben
glömma	vergessen

Auch auf Schwedisch gibt es das **Sprichwort**: Även en blind höna kan finna ett korn (*Auch ein blindes Huhn findet mal ein Korn*). Aber *aus einer Mücke einen Elefanten machen* heißt auf Schwedisch *göra en höna av en fjäder*. Weiterhin gibt es: att göra en höna av en fjäder (viel Wind um etwas machen).

"Omkring en tusenlapp", svarar Helena, "men den vuxna tuppen kostar mycket mera. Nu tror jag inte att han är till salu", fortsätter hon. "Han är viktig för avelsarbetet."
"Då får man fyrtio-femtiotusen för hela flocken. Det **slår** man inte **ihjäl någon** för", säger Andersson.

Övning 8: Fyll i tomrummen. Lesen Sie weiter und ergänzen Sie den Text mit den folgenden Wörtern! Achtung: Nicht alle Wörter passen zum Text und ein paar bleiben übrig.

förbannad | sälja | natt | funderar | namn | foten | betalt | nära | skriker | reagerar | bord | uppmärksam

"Svår att **1.** ______________ dessutom", säger Helena. "Man måste ha **stamtavlan** för att få bra **2.** ______________. Där står ägarens **3.** ______________."

En av hönorna har kommit lite för **4.** ______________ Andersson. Han **föser undan** hönan med **5.** ______________, men då blir tuppen **6.** ______________. Den reser sig upp, flaxar med vingarna och **7.** ______________.

"Passa dig", säger Helena. "Höns har gott **minne**. Har du en gång **sparkat** efter dem så **glömmer** de det inte."

Andersson **8.** ______________.

"Så du menar", säger han, "att hönsen vet vem som slog ihjäl deras ägare?"

"Får de se den personen igen, så kanske de

9. ______________."

Andersson ser **dystert** på hönsflocken.
"Ja, då är det som vanligt", säger han. "Trettionio **vittnen**, och ingen säger någonting. Kan du ta hand om hönsen tills vi vet vem som **ärver** dem?"
"Javisst. Jag kan kanske få köpa blommorna?"
Andersson, som är på väg ut genom dörren, **tvärstannar**. "Blommorna?" undrar han. "Vad då för blommor?"
"Hönsen. Det här är skånska blommehöns. De heter så för att de vita prickarna på fjädrarna ser ut som blommor."
Så det var alltså blommorna i kassaboken. Andersson känner sig lite dum. Det blir inte bättre när han hör att Berglund **fnissar**. Nu har han i alla fall en sak mindre att fundera över. Blommor var ingen kod för kriminella inkomster. Christina hade sålt höns.
Berglunds telefon ringer. Han pratar en stund. Han vänder sig sedan till Andersson som står och pratar med Helena.
"Kollegorna i Arvika har varit hemma hos kusinen. Sjöströms fru har inte kommit dit."
Berglunds mobil ringer igen. Han säger inte mycket. Han lyssnar mest.
"Nu vet vi varför Sjöströms fru aldrig kom fram till Arvika", säger han. "Hon ligger i ett dike fyra mil

dyster	düster
vittne *n*	Zeuge
ärva	erben
tvärstanna	plötzlich anhalten, stehenbleiben
fnissa	kichern
hål *n*	Loch
snöplog *u*	Schneepflug
välta	*hier:* ausschütten
gräva fram	ausgraben

Skåne ist die südlichste von den einundzwanzig Provinzen in Schweden.

Eine sogenannte **skandinavische Meile, en mil**, beträgt 10 Kilometer. In Schweden werden Entfernungen, sogar schon ab fünf Kilometer (*en halvmil*), so gut wie immer in dieser Einheit angegeben (auf Verkehrsschildern jedoch in Kilometer).

norrut härifrån. Hon har ett stort **hål** i huvudet. Killen som kör **snöplogen** ser henne precis innan plogen **välter** mängder med snö över henne. Han ringde våra kollegor som fick **gräva fram** henne. Hon har varit död sedan i går kväll."

4 Tuppen får sista ordet

"Vi stannar kvar här", säger Andersson till Berglund. "Lösningen på den här **gåtan** finns här. Din syster får ta bussen hem. Vi pratar med Mats Sjöström. Han vet inte vad som har hänt med hans fru."

"Om det inte är han som har slagit ihjäl henne", säger Berglund.

Mats Sjöström sitter på sitt kontor när Andersson och Berglund kommer dit. Det syns att han inte har sovit någonting. Han har **mörka** ringar under ögonen och röda **strimmor** i ögonen.

Det blev nog mycket whisky igår, tänker Andersson.

Sjöström stirrar **tomt** framför sig när han får höra att hans fru är död.

"Du sa att din fru och Christina kände varandra, eller hur?" undrar Andersson.

"Ja. De var inte bästa väninnor, men de träffades en del. M brukade se efter Christinas höns när hon **reste bort**."

"M! Hette inte din fru Ulrika?"

"Jo, men hon kallas – jag menar, kallades för M. Hon hette Magnusson i efternamn som ogift. Det kunde ingen säga. Så det blev bara M."

gåta *u*	Rätsel
mörk	dunkel
strimma *u*	*hier*: Äderchen
tom	leer
resa bort	verreisen
tomt *u*	Grundstück
husrannsakan *u*	Hausdurchsuchung
leta	suchen
dator *u*	Computer
utpressning *u*	Erpressung
röra på sig	sich bewegen
ytterkläder *pl*	Jacken, Mäntel
förbaskad	verdammt

"Så hönsen kände igen M?"
"Javisst."
"Vi tror att din fru flera gånger har smugit runt ute på Christinas **tomt**. Varför tror du att hon gjorde det? Visste hon att ni hade ett förhållande?"
"Det tror jag inte. Hon säger aldrig någonting om det."
"Vi gör en **husrannsakan** hemma hos dig nu och här på värdshuset. Vi hoppas att du förstår det. Det här är ju ett dubbelmord och du finns mitt i utredningen."
"**Leta** hur mycket ni vill", säger Mats Sjöström.
Sex timmar senare vet Andersson att M hade ett bankkonto som hennes man inte känner till. På det kontot finns stora summor pengar från de senaste tre åren.
Andersson och Berglund sitter i Christinas matrum med papper och **datorer** framför sig.
"**Utpressning**?" undrar Berglund.
"Nej. Det är för mycket pengar. Det måste vara någonting annat."
Andersson sträcker på sig.
"Jag behöver **röra på mig**", säger han och tar på sig **ytterkläderna**. "Jag går över till gubben[i] Jansson med den här skruvdragaren. Han glömde väl den när han fixade taket."
"Gör det. Jag fixar middagen", säger Berglund och går ut i köket.
Stor ansträngning, tänker Andersson. Han vet att Berglund har beställt färdig mat från värdshuset.
Klockan är fem på eftermiddagen och det är kolsvart ute. **Förbaskade** vinter, tänker Andersson. Det är mörkt när man vaknar och sedan drar man

> Die Wörter **gubbe** och **gumma** sind Bezeichnungen für einen alten Mann bzw. eine alte Frau und können, je nach Tonfall, entweder abschätzig oder liebevoll klingen. Beispielsweise heißt das Pferd von Pippi Langstrumpf im schwedischen Original *Lilla gubben*.

ner rullgardinen redan vid tretiden. Kompensationen är väl på sommaren. Då är det ljust hela dygnet, så man kan inte sova för att det är för ljust. Jansson har tänt lampor i alla fönster. Det ryker ur skorstenen och utanför huset luktar det **stekt lök**.
Undrar om han lagar stekt **fläsk** med **löksås**, tänker Anderson. Han ringer på dörrklockan. Stekt fläsk med löksås är det bästa Andersson vet **näst efter** SOS.
"Nää", säger Jansson och tittar på skruvdragaren. "Det där är inte min. Min ligger där." Han pekar in mot köksbordet där det ligger en skruvdragare. "Den som du har **tillhör** nog snickarna som jobbade med hönshuset. Konstigt att de glömmer en sådan fin sak. Den är mycket bättre än min."
Anderson **pulsar** tillbaka genom snön. Han ser på skruvdragaren – och plötsligt vet han. Men hur kan han bevisa vad som har hänt?

Övning 9: Konjugera. **Wie lauten die Verben im Präsens? Schreiben Sie auf!**

	Präsens	Präteritum
1.	*stannar*	stannade
2.	________________	pratade
3.	________________	satt
4.	________________	stirrade
5.	________________	kom
6.	________________	tänkte

”Vi ska göra en vittneskonfrontation”, säger han muntert när han kommer in till Berglund.
På bordet i köket står middagen uppdukad.
SOS, några öl samt stekt fläsk med löksås.
”Du vet hur du ska få din chef på gott **humör**”, säger han till Berglund som ser mycket **nöjd** ut.
”Men vi har väl inga vittnen?”
”Jodå”, säger Andersson. ”Vi har trettionio stycken.”

stekt	gebraten
lök *u*	Zwiebel
fläsk *n*	Schweine-fleisch, Speck
löksås *u*	Zwiebelsoße
näst efter	nach, neben
tillhöra ngn	jdm. gehören
pulsa	stapfen
humör *n*	Laune
nöjd	zufrieden
skåpbil *u*	Lieferwagen
hemsk	schrecklich
verktyg *n*	Werkzeug
tråkigt	*hier:* schade

Klockan är nio på morgonen. Det är fortfarande mörkt ute. I hönshuset lyser lampan. Berglund matar hönsen och städar. Andersson ser på. En **skåpbil** kör upp till hönshuset och två män hoppar ur. Det är de två snickarna som tidigare arbetade för Christina med att bygga till hönshuset.
”**Hemsk** historia, det här”, säger en när de har hälsat på Andersson och Berglund. ”Vet ni vem som har gjort det?”
”Nej. Vi vet ingenting”, säger Berglund.
”Bra att ni ringde om skruvdragaren. Vi saknar den, men kommer inte ihåg var vi glömde den. Var är den?”
”Den ligger kvar i hönshuset. Ni kan hämta den där”, säger Andersson, ”men stäng dörren kvickt efter er. Jag vill inte springa runt och jaga höns. Vi ska åka härifrån. Vi vill att ni hämtar ert **verktyg** först. Fin sak. **Tråkigt** om det kommer bort.”
”Det tackar vi för”, säger en av männen. Han öppnar dörren, går in till hönsen och stänger kvickt dörren. Sedan hörs ett

fasligt oväsen. Höns **kacklar**, vingar fladdrar och en man skriker. Dörren far upp och ut rusar mannen. På hans axel sitter tuppen och **hackar** honom i huvudet.
Det tar en stund innan tuppen är **infångad** och ordningen är **återställd**. Andersson **ler**, men en klocka ringer hela tiden i hans huvud. Varför? Snickarna åker därifrån och så gör även Andersson och Berglund. De säger adjö till grannen Jansson. De stannar vid värdshuset och talar om för Mats Sjöström att de nu åker tillbaka till Norrköping.

> Dies ist die erste Zeile aus dem beliebten **schwedischen Weihnachtslied** *Midnatt råder* (Mitternacht herrscht vor), auch bekannt unter dem Titel *Tomtarnas julnatt* (*Weihnachtsnacht der Wichtel*) oder auch *Tipp tapp*.

"Midnatt råder, tyst det är i huset..." **nynnar** Berglund. Han och Andersson gömmer sig under verandan till Christinas hus.
"**Tyst med dig**!" **väser** Andersson. "För det första är det där en **julsång**, och det är inte jul nu. För det andra kan någon höra dig. Tyst!"
Det är månsken den här natten. Inga moln på himlen. Skuggorna är långa och violetta. Ingen vind. Det är tyst och stilla. Det är Berglund som först ser skuggan som sakta glider fram mellan träden. Så hörs ett klick som visar att låset till hönshuset öppnas. Ett svagt knarrande ljud talar om att dörren sakta går upp. Ljuset tänds i hönshuset. Så hörs ett surrande ljud.

kackla	gackern
hacka	picken
fånga in	einfangen
återställa	wieder-herstellen
le	lächeln
nynna	summen
Tyst med dig!	Sei still!
väsa	zischen, fauchen
julsång *u*	Weinachts-lied

Övning 10: Plural. **Bilden Sie die unbestimmte Pluralform!**

1. man ______________________
2. dörr ______________________
3. väninna ______________________
4. höna ______________________
5. blomma ______________________
6. kollega ______________________

"Nu", väser Andersson. Sakta smyger de bort till hönshuset. Nu hörs surrandet mycket tydligt. Andersson rycker upp dörren. Där inne står de två snickarna. De håller en **takskiva** i händerna. Uppe i taket sitter fullt med plastpåsar som har ett vitt **innehåll**. Både Andersson och Berglund drar sina **tjänstevapen**.
"**Upp med händerna**!" **ryter** Andersson.
Nästa dag sitter Andersson, Berglund och Mats Sjöström i Christinas matsal. Andersson har varit hemma på snabbt besök i Norrköping och har nu en ren skjorta på sig. Han är nyrakad. Berglund har sagt att hans syster Helena ska komma och hämta hönsen.
"Ni klarar upp ett dubbelmord på sjuttiotvå timmar. När förstår ni att det är snickarna?" undrar Sjöström.
"Det är skruvdragaren", säger Andersson."Ett sådant fint verktyg glömmer man inte. Bara om man springer från platsen i panik. Snickarna vet inte att Christina har installerat larm.

takskiva *u*	Deckplatte
innehåll *n*	Inhalt
tjänstevapen *n*	Dienstwaffe
Upp med händerna!	Hände hoch!
ryta	brüllen

De blir överraskade när hon kommer ut i hönshuset. De ska hämta kokain från sitt lager under taket. En av killarna står uppe på **foderbänken** med en **kofot** i handen. Det är den han slår ihjäl henne med. Han säger ingenting vid förhören, men hans **kompis** pratar som ett vattenfall. Han vill inte åka fast för morden så han pratar. Han berättar att de har flera kokainlager, inte bara under taket i Christinas hönshus utan även på tre andra ställen. Din fru", säger Andersson och vänder sig till Sjöström, "**var delaktig i** kokainhandeln. Hon hade en liten internetbutik där hon sålde **kryddor** – inte sant?"
"Jo, det är rätt", säger Sjöström. "Jag **erbjuder mig** ofta att hjälpa henne med att packa varor, men det ville hon inte. Nu förstår jag varför."
"Ja, och **lantbrevbäraren**, som kommer och hämtar posten, reagerar inte över alla små paket som skickas hit och dit. Bra system. Men när Christina blir mördad vill din fru inte vara med längre. Det säger hon till snickarna, men i sådana affärer är det svårt att hoppa av", säger Andersson. "Därför hittar vi henne i ett dike. Död. Var kokainet kommer från, det får kollegorna på **knarket** jobba med. Nu ska jag åka hem till Norrköping." Andersson reser sig från bordet. "Det är bandymatch i kväll på Idrottsparken", säger han.
Det knackar på dörren. In kommer Helena.
"Vilken tur att ni är kvar här", säger hon. "Jag vill få besked om hönsen. Vem är det som äger dem nu?"

foderbänk *u*	Futterbank
kofot *u*	Brechstange
ϟ **kompis** *u*	Kumpel
vara delaktig i ngt	an etw. beteiligt sein
krydda *u*	Gewürz
erbjuda sig	sich bereit erklären
lantbrevbärare *u*	Landbriefträger
ϟ **knark** *u*	Drogen, *hier:* Drogendezernat
tvärtom	umgekehrt
kram *u*	Umarmung

"Det gör jag", säger Sjöström. "Christina och jag skrev testamenten. Om jag dog före henne, så ärvde hon mig och **tvärtom**."
"Så det är dina höns nu?"
"Ja."
"Kan jag få köpa dem?" Helena ler mot Sjöström. Han är tyst en liten stund. Sedan säger han: "Om jag får några ägg då och då, så får du dem."
Helena blir överlycklig och ger Sjöström en stor **kram**. Andersson ser på.
"Vad ska man göra för att få en sådan där kram?" undrar han.
"Ja, du kan bjuda mig på bandymatchen i kväll", säger Helena och skrattar.
"Gillar du bandy?" Andersson ser väldigt glad ut.
"Det är det roligaste jag vet", säger Helena, "men har du portfölj då?"
"Klart att jag har portfölj!" säger Andersson.

Wenn man ein **Bandyspiel** besucht, sollte man eine alte **Aktentasche** (*portfölj*) mit einer Thermosflasche mitnehmen, die mit Kaffee und Schnaps gefüllt ist. Am Ende eines Bandyspiels ist die Stimmung unter den Zuschauern normalerweise gut angeheitert.

Han och Helena gör sällskap ut till bilarna. Berglund står och ser efter dem. Han ler. Hans syster har aldrig tidigare visat något intresse för bandy. Hon har inte varit på en enda bandymatch i hela sitt liv. Men, tänker Berglund, nu kommer hon att få se på bandy.

Den tomma båten

Malin Leijon

1 En död man

Morgonen är lugn och stilla. **Sjön** speglar solen som **stiger**. Det är bara små **krusningar** på sjön.

Tova[i] går längs med **stigen** vid stranden vid Spexhultasjön och inte ett **ljud** hörs.

Plötsligt börjar hunden Sigge **skälla**. Den unga västgötaspetsen[i] går alltid utan koppel och springer hit och dit på promenaderna, men håller sig alltid nära **matte**. Men nu **beter sig** Sigge **annorlunda**. Han springer fram till **vassen** och skäller på något.

"Kom nu då, Sigge!" ropar Tova. Men Sigge slutar inte skälla. Det ser ut som om han vill gå fram till något, men inte **vågar**.

"Men vad är det för något?" säger Tova tyst för sig själv och **suckar**.

Tova ist ein nordischer (fast ausschließlich) weiblicher Name und ist abgeleitet von Thor/Thorwald. Der Name bedeutet: die Gute.

Västgötaspets (Westgotenspitzhund) ist eine traditionelle schwedische Hunderasse, die es schon seit der Zeit der Wikinger gibt. Die kleinen Hunde sind energiegeladen und sehr wachsam.

död	tot
tom	leer
båt *u*	Boot
sjö *u*	See
stiga	aufgehen
krusning *u*	*hier:* kleine Welle
andas ut	ausatmen
stig *u*	Pfad
ljud *n*	Geräusch
skälla	bellen
matte *u*	Frauchen
bete sig	sich verhalten
annorlunda	andersartig
vass *u*	Schilf
våga	sich trauen
sucka	seufzen

Hon går mot Sigge vid **sjökanten**.
"**Är** det en död fisk du har hittat? **Är** du **rädd** för den?" säger Tova. Hon tänker på den gången Sigge hittade en **gädda** som låg och **ruttnade** på stranden.
Sigge fortsätter skälla mer åt Tova. Hon går fram och **klappar** hunden för att lugna ner honom. Sedan tittar hon in i vassen för att se vad han skäller åt.
Tova tar ett steg tillbaka och **drar efter andan**. Den här gången har Sigge inte hittat en död fisk. I vassen ligger en död man med ryggen upp!

sjökant *u*	Seeufer
vara rädd	Angst haben
gädda *u*	Hecht
ruttna	verrotten
klappa	streicheln
dra efter andan	heftig einatmen
filt *u*	Decke
deckare *u*	Krimi
stubbe *u*	Baumstumpf
frossa *u*	Schüttelfrost

En timme senare sitter Tova en bit bort från stranden med en **filt** runt sig. Polis och ambulans är på plats. Det tog inte lång tid innan hennes mysiga morgonpromenad såg ut som en scen från en **deckare**. Tova ryser till igen. Hon sitter på en **stubbe**. En polis kommer fram till henne. Det är Annika som är kollega med Tovas man, Mattias. Han är också polis.

> **Nässjö** liegt im Norden von Småland und ist eine ruhige Urlaubsgegend mit guter Infrastruktur und wunderschöner Natur.

"Hur mår du?" frågar Annika henne.
"Ja du... Jag vet inte", svarar Tova. Hon fryser trots att det är varmt. Det är juni, men varmare än vad det brukar vara i Nässjö om sommaren. Det är chocken som ger **frossa**, menar ambulanspersonalen som ger henne filten.
Annika lägger handen på Tovas axel. De känner inte varandra väl, men i en liten stad så känner alla varandra mer eller mindre.

"Är Mattias på väg?" frågar Annika.
Tova nickar till svar. Sigge kryper närmare henne och Tova klappar hans mjuka päls.
"Borde jag ha gjort något?" frågar Tova.
"Vad menar du?"
"Borde jag... försökt göra **hjärt-** och **lungräddning**?"
Annika skakar på huvudet och sätter sig bredvid henne.
"Nej, enligt ambulanspersonalen har han varit död i flera timmar. Det är svårt att säga exakt hur länge. Men du hade inte kunnat göra något. Jag borde inte säga någonting i det här läget egentligen, men det ser ut som en **olycka**. Det är självklart **hemskt**, men du kunde inte ha hjälpt honom", säger hon tröstande.
Tova tittar ner på Sigge. Snart kommer Mattias med bilen och hämtar henne. De åker hem tillsammans och Mattias gör te till Tova. Hon sätter sig i soffan och får den varma koppen i handen.

Krypa (kriechen) wird unregelmäßig gebildet:

krypa – kröp – krupit.

hjärt-lung-räddning *u*	Herz-Lungen-Wiederbelebung
olycka *u*	Unfall
hemskt	schrecklich

Övning 1: Rätt eller fel? **Welche Aussagen sind richtig? Kreuzen Sie an!**

1. Sigge är en västgötaspets. ☐
2. Tova är polis. ☐
3. Sigge har hittat en död gädda. ☐
4. Det är sommar och varmt. ☐

"Hur mår du?" frågar han.
"Varje gång jag stänger ögonen ser jag honom. Jag tog pulsen på honom medan jag ringde. Han var så kall. **Huden** var nästan blå."
Mattias stryker henne på armen, tröstande.
"Såg du vem det var?" frågar han.

hud *u*	Haut

Tova suckar djupt.
"Ja, det var Olof Franzén", svarar hon och tittar ner i koppen.
"Åh nej", svarar Mattias. "Lena kommer bli helt förstörd."

2 Mor och dotter

Annikas kollegor har varit hos Lena tidigare på dagen och berättat om vad som har hänt. Lena har varit orolig för Olof hela natten. Men det hände att han var ute med **grabbarna** och tog en öl och sedan sov hos en av kompisarna istället för att cykla tillbaka ut till huset. Att få nyheten om att han var död hade varit en chock. Hon visste inte alls att han var vid sjön.

ϟ **grabb** *u*	Junge, Bursche
by *u*	Dorf
möbelsnickare *u*	Schreiner
erkänd	anerkannt
kvick	schnell
gissa	schätzen

När Annika kommer fram till den enorma villan står redan två bilar på uppfarten. Annika och kollegan parkerar utanför tomten och går in i den stora trädgården. Det är ett gammalt hus som gått i arv i generationer. Alla i **byn** vet vem Lenas farfar var, en **möbelsnickare** som startade egen firma. Han blev med tiden en **erkänd** designer med butik på Norrmalm[i] i Stockholm. Den betalade för det här vackra huset med strandtomt precis intill sjökanten.

Norrmalm ist ein zentrales Stadtviertel von Stockholm mit exklusiven Geschäften. Hier findet man auch das bekannte schwedische Kaufhaus *Nordiska Kompaniet*, kurz *NK*.

"Det är magiskt vackert här" säger Annika till Mattias. Annika ringer på dörren. De hör **kvicka** steg komma mot dörren. Det är inte Lena som öppnar. Det är en ung kvinna, runt tjugo år **gissar** Annika. Kvinnan hälsar

artigt på dem, men ser **besvärad** ut. Johanna heter hon. Hon är Lenas dotter och hade kommit så snart hon hörde från sin mamma om vad som hänt.

Partikelverben tauchen im Schwedischen immer mit einem bestimmten Partikel zusammen auf (meist eine Präposition), die in der Aussprache betont ist: **hälsa** ***på*** (besuchen). Die Betonung ist in diesem Fall sehr wichtig, da dasselbe Verb mit unbetontem *på* – wie hier im Text – begrüßen bedeutet. Andere Beispiele: **äta** ***upp*** (aufessen), **säga** ***till*** (Bescheid sagen), **knacka** ***på*** (anklopfen).

"Får vi prata med Lena?" frågar Mattias.

"Ja, men... " börjar Johanna. "Vi förstår om hon inte mår så bra just nu. Men det är bra om vi kan prata med henne, bara en liten stund", säger Annika.

"Det är bara det att..." Johanna har svårt att fästa blicken och pillar på sitt långa hår. Hon tittar in mot vardagsrummet. "Följ med, jag tror det ska gå ändå." Hon börjar gå in och gestikulerar att de ska följa efter.

"Jag bor en timme bort men kom så fort jag kunde. Men när jag kom fram så hade hon ändå..."

Johanna suckar.

De kommer in i vardagsrummet. Det är stora fönster ut mot sjöutsikten och en **altan** utanför. Matsalen är i ena delen av det stora rummet och sofforna står i andra änden. I en soffa ligger Lena. På bordet står två koppar och en kanna med kaffe.

"Nej, nej! Kom inte med mer dåliga **nyheter**, det **orkar** jag inte **med**!" säger Lena.

Hon försöker sätta sig upp men misslyckas. Hon försöker igen och kan till slut sätta sig upp.

"Vi vill bara prata med dig", säger Mattias.

"Vill ni ha kaffe? Johanna fixar gärna kaffe. Visst gör du det, Johanna? Lite kaffe?" Hon låter nästan glad i början men börjar gråta när hon säger "lite kaffe".

Johanna drar i **tröjärmarna**.

"Vill ni ha kaffe?" frågar hon. Annika skakar på huvudet till svar och ler förstående åt Johanna som sätter sig ner.
"Men Johanna, du måste ju säga åt de snälla poliserna att **slå sig ner**! Du måste vara en god **värdinna**!" **utbrister** Lena mellan **snyftningarna**.
Mattias och Annika sätter sig ner. De tittar menande på varandra. Annika märker direkt att Lena är **berusad**. Hennes ögon kan inte fokusera. **Rörelserna** är **klumpiga**. Annika förstår varför Johanna är så obekväm.
"Vi vill komma hit och meddela att båten är hittad", säger Annika.

artig	höflich
besvärad	peinlich berührt
altan *u*	Terrasse
nyheter *pl*	Nachrichten
orka med	verkraften, schaffen
tröjärm *u*	Pulloverärmel
slå sig ner	sich hinsetzen
värdinna *u*	Gastgeberin
utbrista	ausrufen
snyftning *u*	Schluchzen, Schluchzer
berusad	betrunken
rörelse *u*	Bewegung
klumpig	ungeschickt, unbeholfen

Övning 2: Bokstavsröra. Entwirren Sie den Buchstabensalat und setzen Sie das gesuchte Wort in die Lücke!

1. Jag tog slupen ______________ på honom.
2. Två ilbra ______________ står på uppfarten redan.
3. De hör vakkci ______________ steg komma mot dörren.
4. Jag bor en emtim ______________ bort.

Lena svarar inte. Hon sätter händerna för ansiktet och snyftar. Hon har ljust hår, grått på sina ställen men det syns att hon **färgar** håret. Hon ser **stilig** ut. Eller, det ser ut som att hon har gjort ett försök i alla fall. Med en blå kavaj och vit blus under. Vita byxor med vad som ser ut att vara en **rödvinsfläck** på ena benet. Mascaran har runnit av alla **tårar**, men hon har ändå sminkat sig.

Johanna sitter bredvid Lena och försöker trösta henne. De är lika varandra. Samma blågröna ögon, samma smala näsa och höga kindben. Håret har nästan samma blonda nyans, även om Lena färgar håret.

Annika ser att Johanna är **spänd** i nacken. Johanna försöker lägga en arm om Lena. Hon verkar nästan rädd för hur Lena ska reagera. Men det går bra. Lena låter Johanna hålla om henne.

"Var hittade ni båten?" frågar Johanna.

"Nere vid viken vid den allmänna badplatsen i Solvik," svarar Mattias. "Det fanns inga **åror** i den. Kanske tog Olof ut båten på kvällen, tappade årorna och försökte simma iland. Var Olof simkunnig?"

Allmän badplats sind ausgewiesene öffentliche Schwimmbereiche, die von der Gemeinde betreut werden.

Inget svar. Bara snyftningar från Lena.

"Mamma", säger Johanna tyst. "Polisen undrar om Olof kunde simma?"

"Ni skulle bara veta hur bra han simmade!" säger Lena och reser sig upp, med mycket **möda**. Hon går **vingligt** fram till den öppna dörren till altanen och tittar ut. "Som vi simmade tillsammans på somrarna. Och nu kommer vi aldrig att simma igen. Och min klänning... Och hans kostym...

Achtung! **Falscher Freund**:

simma = schwimmen;
svimma = ohnmächtig werden.

de hänger i garderoben, och...” Lena börjar gråta igen. Johanna lägger andra armen om henne och **kramar** om henne.

färga ngt	etw. färben
stilig	elegant, stilvoll
röd-vinsfläck *u*	Rotweinfleck
tår *u*	Träne
spänd	angespannt
åra *u*	Ruder
möda *u*	Mühe
vinglig	schwankend
krama	umarmen
gråta	weinen

“Olof och mamma skulle gifta sig om en månad”, säger Johanna till poliserna. Lena faller ihop och **gråter** på golvet.

“Mamma, följ med här”, säger Johanna och leder henne in i hallen.

Mattias och Annika sitter kvar och hör hur Johanna och Lena går uppför trappan. De väntar tills Johanna kommer tillbaka ner.

“Jag... jag ber verkligen om ursäkt för... ja.” säger Johanna.

Hon tittar ner på sina händer och drar i tröjärmarna. Hon ser stressad ut.

“Jag kom så fort jag kunde i morse”, fortsätter hon och går in i köket, “men hon hade redan hunnit...”

Övning 3: Plural. **Bilden Sie die unbestimmte Pluralform!**

1. hund ____*hundar*____
2. polis ________
3. bil ________
4. kanna ________
5. öga ________

Johanna behöver inte fortsätta, Annika vet vad hon menar. I köket står vinglas i **vasken** och en box med rött vin har **trillat** och ligger på bänken. Droppar av rött vin bildar en liten **pöl** på det vita köksgolvet.

"Jag försökte ge henne vatten och kaffe och laga mat till henne för att hon skulle **nyktra till**. Men som ni ser gick det inte", säger Johanna.

"Vet du om Olof var ute ℹ igår kväll?" frågar Annika.

"Ja, det sa mamma att han var. Han var väl på det vanliga stället, med det vanliga **gänget**", svarar Johanna och sätter sig på en köksstol.

"Vet du om han **hörde av sig till** Lena innan han åkte hem?"

"Nej, jag vet inte. Vill du att jag ska fråga henne? Jag tror att hon kanske sover nu", säger Johanna.

"Det behövs inte. Vi misstänker inget brott i **nuläget**, men vi behöver ändå veta **händelseförloppet**. Fråga gärna när hon vaknar. Här är numret till mig och Mattias, ring om det är någonting", säger Annika och ger Johanna ett papper med två nummer **nedklottrade**.

"Om ni behöver stöd eller råd", börjar Annika.

"Jag vet, polisen i morse berättade om hur vi kan få råd och stöd. Jag ska försöka få mamma att gå med på det."

ℹ Der Ausdruck **vara ute** bezeichnet hier nicht nur das bloße Draußensein, sondern auch das Party- und Nachtleben.

Auch der parallele Ausdruck **gå ut** kann, je nach Kontext, sowohl **rausgehen** (im Allgemeinen) und **feiern gehen** bedeuten. Möchte man den Party-Aspekt explizit betonen, kann man auch **vara ute/gå ut** *och festa* sagen.

vask *u*	Spülbecken
trilla	(um-)fallen
pöl *u*	Pfütze
nyktra till	nüchtern werden
gäng *n*	Gruppe, Clique
höra av sig till ngn	sich bei jdm. melden
nuläge *n*	aktuelle Situation
händelseförlopp *n*	Verlauf, Hergang
nedklottrad	aufgekritzelt

Övning 4: Motsatser. **Wie lautet das Gegenteil? Ordnen Sie zu!**

1. ☐ spänd
2. ☐ tyst
3. ☐ lång
4. ☐ nykter
5. ☐ ute

a) berusad
b) inne
c) högljudd
d) avslappnad
e) kort

"Det gäller dig också", säger Annika.
Johanna ser **förvånad** ut. Som om hon inte ens har tänkt på att hon också skulle sörja Olof.
"Det... tack, men jag behöver bara vara här för mammas skull", svarar hon.

förvånad	überrascht
brygga *u*	Steg
grå	grau
gul	gelb

Sedan frågar hon: "Har ni pratat med Olofs exfru och hans barn?"
"Vår kollega kontaktar dem", säger Mattias.
Johanna nickar till svar.
"Var hade ni båten?" frågar Mattias.
"Nere vid **bryggan**", svarar Johanna.
"Hur tog han sig in till stan?"
"Med cykel, gissar jag."
"Var finns cykeln?"
"Jag vet inte. Men det är en gammal **grå** och **gul** Crescent[i]. Den brukar stå vid infarten", svarar Johanna. "Kan jag gå till mamma nu?"
"Ja, visst. Vi går ut och tittar lite", säger Annika.

[i] **Crescent** ist ein in Schweden ansässiger Fahrradhersteller.

Annika har hört från sin kollega att Olof inte stod sin exfru och sina barn nära. Exfrun och barnen bor i Stockholm och de hade inte talats vid på flera år. De vet inte att Olof har träffat en ny kvinna.

Nicht nur in Finnland, sondern auch in Schweden gibt es viele **Saunen**. Allerdings sind deutsche Saunabesucher oftmals verwundert, denn die schwedischen Saunen sind nach Geschlecht getrennt und meist lässt man seine Badesachen in der Sauna an.

Falscher Freund! Das schwedische Wort **högtid** bedeutet **Feier(tag)**, während **Hochzeit** **bröllop** heißt. Die Etymologie kann hier als Eselsbrücke dienen: Das Wort **bröllop** stammt aus dem Altnordischen und bedeutet wortwörtlich "Braut-Lauf".

Solen skiner över sjön och Annika och Mattias går ner mot bryggan. Vid sjökanten finns en stor altan med **parasoll**, utemöbler och solstolar. Det finns en **bastu** och ett litet båthus. Det är en vacker miljö, men med en mörk underton. Någon har dött, någons **bröllop** har blivit inställt.

De kommer ner till stranden och ser platsen där båten brukade ligga. Det var en liten båt. Det finns märken i sanden och strandkanten från där båten brukade dras upp.

"Har du hört någonting från Andersson?" frågar Annika.

"Bara att han hade alkohol i blodet. De ska göra en obduktion senare. Men det låter ju som att han av någon anledning **fick för sig** att ta en båttur sent på natten", svarar Mattias.

Auch wenn es für deutsche Ohren obszön klingen mag: das Verb **få** (dürfen, müssen) ist unregelmäßig und die Tempusformen lauten **få – fick – fått**.

"Alkohol och vatten är alltid en dålig kombination", säger Annika.

De går tillbaka mot huset och tittar efter cykeln. De hittar den lutad mot staketet utanför huset, bakom **soptunnorna**. Det är en gammal rostig cykel.

Den ser inte ut att passa in i omgivningen. Den ena bilen som står på uppfarten är en **kopparfärgad** Volvo C70, cabriolet och den andra en silverfärgad Mercedes GLC, en stor SUV.
"Vems tror du är vems?" frågar Mattias.
"Jag tror att Volvon är Lenas. Jag tror att det är en bil man drömmer om och skaffar när man blir äldre."

parasoll *u, n*	Sonnenschirm
bastu *u*	Sauna
bröllop *n*	Hochzeit
få för sig	einen Einfall bekommen
soptunna *u*	Mülleimer
kopparfärgad	kupferfarben
ungdomar *pl*	Jugendliche
nu för tiden	heutzutage
slå vad	wetten
ϟ **kolla upp**	kontrollieren, nachschauen
dagens ungdom	die heutige Jugend

Slå vad bedeutet **wetten**; das Substantiv dazu heißt also **ett vad** (eine Wette) – nicht zu verwechseln mit **en vad** (eine Wade)!

In Schweden gibt es eine sehr große Auswahl an **Milch** (*mjölk*), auch in laktosefreier (*laktosfri*) oder laktosearmer (*låglaktos*) Variante. In den meisten schwedischen Kühlschränken findet man die Variante *mellanmjölk* mit 1,5% Fett.

Schweden lieben ihre Milch übrigens "made in Sweden". Auch die Bio-Hafermilch-Marke *Oatly* stammt aus Schweden.

Meist wird die Milch in Tetra Pak angeboten, eine schwedische Erfindung aus dem Jahr 1943.

"Tror du det? Tror du inte att **ungdomar** vill köra runt med en cab?"
"Inte **nu för tiden**. Ska vi **slå vad**ⓘ?"
"Den som förlorar får bjuda på finkaffe imorgon", säger Mattias och ler, självsäkert.
De sätter sig i polisbilen och **kollar upp** registreringsnumren.
"Ja du, Mattias, jag tar gärna en kaffe latte med laktosfri mjölkⓘ, tack", säger Annika och ler.
"Nej, är det sant? Kör dottern en SUV? Ja, **dagens**

ungdom", suckar Mattias och lutar sig tillbaka medan Annika startar bilen och kör därifrån.

"Du vet väl vem Olof var?" frågar Annika i bilen.

"Ja", svarar Mattias kort.

Det är många som vet vem Olof var. Han hördes och syntes och ännu mer när han var **påverkad**. Han verkade vara lite **bufflig** och tog gärna plats. Men samtidigt harmlös. Han flyttade till Nässjö för några år sedan. Han kom från Stockholm och hade stora planer för Nässjö, men det **gick** inte **vägen**. Han var en **självut-nämnd** "entreprenör" med många idéer, men inte så många gick att genomföra. Så träffade han Lena. De var involverade i samma projekt. Snart flyttade Olof in hos Lena. Projektet lades tyvärr ner men Olof och Lena **höll ihop** ändå.

påverkad	betrunken
bufflig	ungeschliffen, aufdringlich
⚡ **gå vägen**	klappen, funktionieren
självut-nämnd	selbst er-nannt
hålla ihop	*hier:* zusam-menbleiben
skumpa	rumpeln
grusväg *u*	Schotter-straße
övergiven	verlassen
⚡ **ruckel** *n*	Bruchbude

Övning 5: Frågor. Beantworten Sie die Fragen zum Text in vollständigen Sätzen!

1. Hur kom Olof till stan?

___

2. Vilken färg hade den?

___

3. Vilken bil kör Lena?

___

Bilen **skumpar** runt på den lilla **grusvägen**. Vägen in till huset är en lång privat väg. Det enda huset som ligger i närheten är ett gammalt **övergivet ruckel** som ligger vid landsvägen som går in till stan.
Annika och Mattias sitter tysta i bilen på väg tillbaka till polisstationen.

3 Johanna städar

Det är kväll och Johanna går runt i det stora huset och städar. Hon behöver hålla sig **sysselsatt**. Hon vet inte vad hon ska **ta sig till**. Lena ligger i sängen och gråter fortfarande. Hon hade tagit sig upp ur sängen när poliserna gått, tagit sig ner för trappan och tagit med sig en flaska vin upp.

Johanna går med en **dammtrasa** och försöker torka av i vardagsrummet. Hon kommer till Olofs samling med filmer. Johanna vill plötsligt **slänga** alla filmer, alla hans kläder, kasta ut alla hans **ägodelar** och aldrig se dem i huset igen. Men hon behåller lugnet.

städa	aufräumen
sysselsatt	beschäftigt
ta sig till	*hier:* tun
dammtrasa *u*	Staubtuch
slänga	wegwerfen
ägodel *u*	Besitz
vägra	sich weigern

Hon försökte titta till sin mamma tidigare. Hon ville fråga om de inte skulle kontakta en psykolog ändå. Någon som skulle kunna hjälpa dem båda.

Men mest mamma, tänkte Johanna. Lena **vägrade**.

Johanna hoppas att det här är övergående, att det kommer bli bättre nu. Hon går in i köket och öppnar kylskåpet. Allt vin och alla öl[i]

> Wenn man über **öl** (Bier, nicht Öl!) als einzelnes Getränk in einer Flasche, einer Dose oder einem Glas spricht, sagt man **en** öl. Meint man Bier allgemein, heißt es **ett öl**. Beispiele: *Ska vi gå och ta* **en** *öl?* (Gehen wir ein Bier trinken?) *Ölet i Tyskland bryggs enligt gamla traditioner.* (Das Bier in Deutschland wird nach alten Traditionen gebraut.)

som fanns där inne lägger hon i en kasse[i]. Hon går till barskåpet och lägger all Olofs fina whisky i en annan kasse och sedan lägger hon allt i bilen.

Achtung, falsche Freunde! Das Wort **kasse** bedeutet (Trage-) **Tüte** oder **Beutel**, **Kasse** heißt auf Schwedisch **kassa**.

Hjärtat slår fort. Hon vet att Lena kommer att **bli arg**. Men något behöver hända.

Det här ska bli Lenas **uppvaknande**, har Johanna bestämt. Johanna går ner till bryggan. Det är lite **kyligt** nu på kvällen. Hon sätter sig och tittar ut över det stilla vattnet. Hon blev förvånad när poliserna menade att hon också behövde stöd. Men de hade ju ingen aning. De visste ju inte hur Olof hade dragit ner Lena i **fördärvet**. Det hade börjat med det där projektet de båda skulle jobba på. Olof hade problem med alkoholen redan då och trodde att Lena skulle kunna hjälpa honom. Men när projektet inte gick igenom föll även Lena ner i **beroendet**. Johanna skyllde allt på Olof. Han kom med sina idéer och behövde pengar för projekten, såg Lena och hennes **ärvda** pengar och tänkte att henne kunde han säkert **utnyttja**.

hjärta *n*	Herz
bli arg	wütend werden
uppvaknande *n*	Erwachen, Aufwachen
kylig	kühl, frisch
fördärv *n*	Verderben, Ruin
beroende *n*	Sucht, Abhängigkeit
ärvd	geerbt
utnyttja	ausnutzen
fria	einen Heiratsantrag machen

Johanna suckar djupt. Visst, Olof älskade säkert Lena. Annars hade han väl inte **friat**. Men Johanna vet att det hade börjat med att han såg en stor summa pengar hos Lena.
Johanna har försökt säga det till Lena flera gånger. Att hon behövde ta det lugnt, inte rusa in i något, att hon skulle försöka

se honom för vad han var. Men Lena var **förälskad** och ett och ett halvt år efter att de hade träffats skulle de **gifta sig**. Det hade gått så fort. Alla pratade om hur härlig Olof var. Han charmade alla och var så trevlig, tyckte många. Men Johanna hade märkt hur hennes mamma förändrades under tiden med Olof.

förälskad	verliebt
gifta sig	heiraten

Johanna tittar upp mot huset. Det lyser i Lenas sovrum.
"Det är jobbigt nu, men det blir bättre", tänker Johanna.

4 Nästa dag

"En laktosfri kaffe latte, varsågod", säger Mattias och ger Annika en stor pappmugg.

"Tackar, tackar[i]", säger Annika och tar en stor **klunk** av kaffet.

> **Tackar** ist eine etwas umgangssprachliche Variante sich zu bedanken, die von der Präsensform des Verbs **tacka** (danken) stammt. Es ist also eine Kurzform von dem Satz **jag tackar** (ich danke).

"Jag tycker vi ska slå vad oftare, så att jag kan få finkaffe jämt och slippa kaffet i automaten". Hon ler **förnöjt**.

"Du är en väldigt bra vinnare", **muttrar** Mattias och tar en klunk av sitt eget kaffe.

"Ja, det är jag", skrattar Annika.

Kollegan Tomas tittar ut från sitt kontor och säger **allvarligt**:

"Annika, Martin, kom in här."

Annika och Mattias tittar på varandra.

De går in på Tomas kontor och sätter sig på andra sidan skrivbordet.

"Obduktionen visar att Olof Franzén inte drunknade", säger Tomas.

Han ser **sammanbiten** ut.

"Vad dog han av?" frågar Annika.

"Han blev **kvävd** till döds innan han hamnade i vattnet", säger Tomas och tittar ner i sina **anteckningar**. "Olof Franzén hade inte vatten i **lungorna**. Man har också hittat hud under nag-

klunk *u*	Schluck
förnöjd	vergnügt
muttra	brummen
allvarlig	ernst
sammanbiten	verbissen
kvävd	erstickt
anteckning *u*	Notiz
lunga *u*	Lunge

larna. Det tyder på att han blev kvävd av någon och **kämpade** emot."

"Så det är mord", säger Mattias.

"Ja. Vi måste veta vilka Olof Franzén var ute med kvällen innan han dog och vi måste **ta reda på** när och hur han tog sig hem", säger Tomas.

Annika och Mattias åker till Lena. När de närmar sig huset står Lena och Johanna och **grälar** vid bilarna.

"Hur kunde du göra det?" skriker Lena.

Annika och Mattias tittar på varandra. De stannar bilen och kliver ur. Johanna tittar på dem och sedan tillbaka på Lena.

"Mamma, poliserna är här igen, snälla, **lugna ner dig**", vädjar hon.

"Nej, det tänker jag inte göra!" säger Lena.

Hon står i en blå morgonrock i linne och **tofflor** och tittar inte åt poliserna.

"Snälla mamma", säger Johanna igen.

Johanna ser ut precis som hon gjorde igår. Samma långa, svarta kofta. Hon drar i ärmarna och hela kroppen ser ut att vara **stel som en pinne**.

"Vad är det som händer här?" säger Annika.

"Jo, det ska jag säga! Min dotter har stulit min älskade Olofs **dyrbara** whisky-samling!" säger Lena.

"Det är **för din egen skull**, mamma", säger Johanna tyst.

kämpa	kämpfen
ta reda på	herausfinden, heraus-bekommen
gräla	streiten
lugna ner sig	sich beruhigen
toffla *u*	Pantoffel
stel som en pinne	steif wie ein Stock
dyrbar	kostbar
för ngns (egen) skull	jmd. zuliebe
verka	scheinen
förnekelse	Verleugnung, Weigerung
sjunka	sinken
återkomma	zurückkommen

"För min egen skull?! Min Olof har gått bort och du tar minnena av honom ifrån mig? Hur kan det vara för min skull?" frågar Lena.
Annika och Mattias tittar på varandra igen. Lena **verkar** inte vilja förstå vad Johanna menar. **Förnekelse**.
"Den... ", börjar Johanna. "Jag tror inte den är så dyrbar, jag menar, värdet måste ha **sjunkit** eftersom alla flaskor är öppnade..."
"Den är dyrbar för mig!" skriker Lena och Johanna backar undan.
"Vi skulle behöva prata med er, kan vi hitta något sätt att lösa detta och gå in och prata?" säger Mattias.
"Jag tänker stå här tills jag får tillbaka whiskyn", säger Lena och lägger armarna i kors.
"Det är viktiga saker vi måste prata om, Lena" säger Mattias.
"Då får ni **återkomma** senare. Jag har en diskussion med min dotter", säger hon.

Övning 6: Gömda ord. Finden Sie in dem Gitternetz sechs Wörter, die in dem Kurzkrimi vorkommen!

T	Y	F	R	K	L	U	N	K	N
F	Ö	R	Ä	L	S	K	A	D	V
E	R	M	I	Z	L	K	F	U	A
C	D	O	L	N	H	A	S	N	T
B	R	Y	G	G	A	F	O	L	T
U	N	K	M	A	P	F	I	M	E
T	H	Z	Y	H	J	E	L	Y	N
D	V	I	N	N	A	R	E	B	L

"Ta tillbaka din **jävla sprit** då", säger Johanna. Hon kastar bilnycklarna till Lena och går därifrån. Hon rör sig stelt. Hon försvinner in i **skogen**.

↯ **jävla**	verdammt, verflucht
↯ **sprit** *u*	Alkohol
skog *u*	Wald
oförskämt	unverschämt
darra	zittern
röst *u*	Stimme
trygghet *u*	Geborgenheit
ett litet tag	eine (kurze) Weile

Lena tittar inte efter henne.
Hon öppnar bildörren och tar ut två påsar ur bilen.
"Jag ber om ursäkt för min dotter", säger Lena sen. "Så **oförskämt** av henne att ta Olofs whisky när han så nyligen gått bort. Det var inte meningen att ni skulle behöva se det. Jag måste hålla hårt i minnena efter honom", säger Lena och **darrar** på **rösten**.
Annika vet att i kassarna finns annat än minnen. Det finns något Lena ser som lugnande, som **trygghet**, som något hon behöver.
"Vad vill ni prata om? Kan vi ta det där inne, jag måste klä på mig ordentligt", säger Lena.
De går in i huset. Påsarna klirrar och Lena ställer dem i köket. Hon bjuder in Annika och Mattias i vardagsrummet och går själv uppför trappan. Lena blir borta **ett litet tag**. När hon kommer ner ser hon städad ut. Hon plockar fram kaffe till alla och sätter sig i soffan. Hennes ögon är röda av tårar, men borta är kvinnan som stod och skrek i morgonrock. I soffan sitter nu en välklädd dam[i] som pratar med Annika och Mattias i lugn ton.

> i **Dam** (Dame) gehört nicht zum alltäglichen Sprachgebrauch, sondern wird nur für betagtere Frauen benutzt, die einen gewissen Stil haben – ähnlich dem *lady* im Englischen.

Annika och Mattias berättar att de utreder ett mord. Lenas **uppbyggda** fasad rasar genast ihop.

Annika och Mattias försöker ställa frågor till Lena. De frågar vilka Olof träffade under gårdagen och var de var. De får namnen på de fyra vänner han brukar träffa på puben. De frågar om Olof var osams med någon, om det var någon som ville honom ont.
"Vem skulle vilja en så härlig man något ont? Han hade ett så härligt humör och han hade alltid så många projekt på gång", säger Lena.
"Jag vet att han hade några konkurser bakom sig. Kan det vara någon gammal affärspartner där relationen inte var så bra?" frågar Annika.
"Nej, jag ska säga dig att det inte var hans fel. Det har han berättat. Det var bara **otur**", säger Lena bestämt.
Annika och Mattias frågar vem Olof har arbetat med tidigare. Olof hade så många projekt att det blir många namn att hålla reda på.
De tackar till slut för sig och går därifrån.
De ser att Johanna sitter nere på altanen med en dator och går dit.
"Hur är det med dig?" frågar Annika när de närmar sig.
"Det är sådär. Hon förstår inte att jag vill hjälpa henne," säger Johanna tyst. "Nu sitter jag här med hennes dator och försöker **avboka** allting till bröllopet."
"Vi pratade just med Lena om det kan ha varit någon som har velat honom något ont", säger Annika.
"Det finns så många...", svarar Johanna.
"Vi fick namnen på hans arbetspartners", säger Annika. "Lena säger att konkurserna inte var Olofs fel."
"Så klart hon säger. Men det var det. Hon berättade kanske inte heller att Olof hade **spelskulder**?" frågar Johanna.

uppbyggd	aufgebaut
otur *u*	Pech
avboka	absagen, stornieren
spelskuld *u*	Spielschuld

Övning 7: Verb. **Setzen Sie die passenden Verben in der richtigen Form in die Lücken ein!**

stå åka närma gräla

Annika och Mattias **1.** _______________ till Lena och när de **2.** _______________ sig huset **3.** _______________ Lena och Johanna och **4.** _______________ vid bilarna.

"Nej, det nämnde hon ingenting om", säger Mattias.

Annika och Mattias går upp på altanen och sätter sig **mittemot** Johanna. Hon tittar nervöst in mot huset.

"Hon **var** väldigt **mån om** att Olof skulle framstå som världens bästa person. Men jag vet att han hade problem med ekonomin. Han kunde aldrig hantera pengar. Det var därför det **tog slut** mellan hans ex och honom. Barnen pratar inte med honom längre. **Tydligen** tog han lån i falsk namn som han inte kunde betala, så hon har fått **betalningsanmärkningar**. Han har som sagt också spelskulder. Olof har alltid velat få in 'snabba pengar' men det har inte alltid gått så bra. Jag tror att det är någon här i stan som han har privata skulder till. Han har inte betalat. Jag har bara

mittemot	gegenüber von
vara mån om ngt	auf etw. bedacht sein
ta slut	*hier:* auseinandergehen
tydlingen	anscheinend
betalningsanmärkning *u*	Mahnung, Zahlungsaufforderung
på omvägar	über Umwege
röra sig om ngt	sich um etw. drehen, um etw. gehen
låtsas	vorgeben

hört det **på omvägar** så jag vet inte vad det **rör sig om** eller vem han har skulder till. Och mamma kan man inte fråga om det. Antingen vet hon det inte på riktigt, eller så **låtsas** hon", säger Johanna.

Hon tittar ner och drar i tröjärmarna.

"Vi kan gå in och fråga henne om det", säger Annika och tittar på Mattias.

"Tog hon med sig påsarna från bilen?" frågar Johanna.

"Ja", svarar Annika.

"Då är det ingen idé att försöka fråga henne", svarar Johanna och suckar.

"Jag förstår," säger Annika. "Är det något vi kan göra för dig?"

"Tack, men... jag vill bara få det här klart", säger hon och pekar på datorn.

Annika nickar.

Övning 8: Komparera. **Steigern Sie folgende Adjektive!**

1. trött ____________ ____________
2. stel ____________ ____________
3. dyr ____________ ____________
4. gammal ____________ ____________

5 Förhör

Annika och Mattias åker tillbaka till polisstationen. Tomas vet nu vilka Olof träffade tidigare på kvällen innan han dog. Tomas har redan förhört tre av vännerna. Alla menar att de inte märkte något **konstigt** på kvällen. Olof var precis som vanligt och det var ingen som kontaktade honom på kvällen, förutom Lena.

Annika och Mattias förhörde den fjärde vännen som var med under kvällen. Roland är pensionär och har bott i Nässjö hela sitt liv. Han har på sig svart kavaj, vit skjorta och blå slips. Håret är vitt och är **prydligt** kammat.

Roland berättar om hela kvällen. De satt på samma uteservering som de alltid gör och inget ovanligt hände. Han cyklade hemåt vid klockan ett på natten. Han var berusad, det **medger** Roland, men inte så full att han inte skulle klara att cykla hem.

> **Jo** entspricht wortwörtlich dem deutschen **doch**, also eine bejahende Antwort auf eine negativ formulierte Frage. In manchen schwedischen Dialekten wird es jedoch auch anstelle von **ja** benutzt.

"Visste du om att Olof hade skulder?" frågar Mattias.

Roland suckar och tittar ner i bordet.

"Jo, det visste jag. Det var inget han var stolt över, men jag visste att han var skyldig någon pengar. Men han ville betala, det vet jag. Han hade så mycket idéer, vissa gick bra och andra inte. Men han försökte ställa allt till rätta hela tiden", säger Roland.

"Vet du vem eller vilka han var skyldig pengar?" frågar Annika.

"Ja, någon vet jag väl. Jag tror det var **flera** andra. Men jag vet att han var skyldig Kent Jonsson en rejäl summa."
"Vet du vad skulden gällde?"
"Det handlade om en affärsidé av något slag. Jag vet inte detaljerna riktigt."
"Och hans spelskulder?" frågar Mattias.
Roland tittar upp på dem och höjer ögonbrynen.
"Spelskulder?" frågar han förvånat.
"Olof hade spelskulder också. Visste du inte om det?" säger Mattias.

konstig	komisch, seltsam
prydlig	ordentlich
medge	zugeben
flera	einige, mehrere
påstå	behaupten
genuin	echt
dölja	verbergen
matchning *u*	Übereinstimmung

"Nej, det kan jag inte **påstå** att jag visste", säger han.
"Visste du att han spelade?" frågar Mattias.
"Jag visste att han spelade på hästar ibland. Men jag visste inte att han hade skulder", säger Roland.
Roland ser förvirrad ut. Annika tycker att det ser **genuint** ut. Det ser ut som om Roland precis fått reda på något om en vän han trodde att han kände.
Annika och Mattias frågar honom inte mer om spelskulderna. De ser på Roland att han inte vet något om det. Lena kanske vet vad det gäller.
"Det verkar inte som att någon av Olofs vänner vet att han hade spelskulder", säger Tomas.
Annika och Mattias sitter inne på hans kontor.
"Han **dolde** det väl, verkar det som", säger Annika.
"Har vi fått någon **matchning** på DNA från huden under naglarna?" säger Mattias.
Tomas skakar på huvudet.

Övning 9: Plural. Setzen Sie die Substantive in den unbestimmten Plural!

1. båt ____________________
2. cykel ____________________
3. natt ____________________
4. dator ____________________
5. stol ____________________

"Nej, vi har ingenting där. Och båten har inte gett någonting heller."
Tomas suckar.
"Kan vi ta in Lena på förhör?" frågar han.
Annika **skruvar på sig**.
"Hon har problem med alkohol och det verkar som att **sorgen** gör det värre", säger hon.
"Boka in en tid imorgon så hon får komma hit. Om hon måste åka till polisen och komma in till stan tror jag att hon kan hålla sig ifrån spriten."
Annika nickar till svar.
Hon ringer till Lena och ber henne komma in under morgondagen.
Annika pratar också med Johanna så att hon kan hjälpa Lena komma in till dem vid rätt tid. Sedan lutar hon sig tillbaka i kontorsstolen.

skruva på sig	sich winden
sorg *u*	Trauer
komma fram	herauskommen
ta hand om ngn/ngt	auf jdn./etw. aufpassen

"Vad är det?" frågar Mattias.
"Det är ett så tragiskt fall", säger Annika.
"Ja. Det verkar vara mycket som **kommer fram** kring Olof och Lena som många inte hade någon aning om", säger Mattias.
"Ja, och Johanna måste **ta hand om** allting", svarar Annika.

6 Upptäckten

"Johanna, jag måste till polisen imorgon!" säger Lena.
"Jag vet, mamma," svarar Johanna lugnt.
"Åh, det är så **fruktansvärt**. Det är så hemskt." Lena går fram och tillbaka i vardagsrummet. Hon tog några glas vin tidigare för att lugna nerverna, men det blev bara värre av det, känner hon. Lena känner sig rastlös och det känns som att sorgen ska äta upp henne. Ett glas vin till hjälper nog. Det måste hjälpa henne att somna i alla fall.
Lena går mot köket. Hon stöter mot köksväggen innan hon kommer in i köket.
Nej, jag tar en liten whisky till Olofs **ära**, tänker Lena och **plockar fram** ett litet glas.
"Mamma, måste du?" säger Johanna.
"Johanna, skåla med mig för Olofs skull", säger Lena.
"Mamma, jag vill inte."
"För Olofs skull! För min och Olofs skull!" säger Lena igen.
"Jag går och lägger mig", säger Johanna.
Hon går uppför trappan och lämnar Lena kvar i köket. Lena går ut på altanen och sätter sig. Solen är precis på väg att gå ner över sjön, men än är det ljust ute. Hon tänker på alla gånger hon och Olof har suttit här ute och skålat i whisky. Solen **går ner**.

Lena vaknar till och upptäcker att hon fortfarande sitter kvar i solstolen på altanen. Det är mörkt ute. Hon måste ha somnat. Hon reser sig upp och går in till köket. Hon häller upp ett litet glas whisky till, bara så hon kan **somna om**.

Lena går uppför trappan och går in i sovrummet och ställer glaset bredvid sängen. Hon tar några klunkar, tar på sig pyjamas och försöker stående.
På garderoben mitt emot sängen hänger hennes klänning. Bröllopsklänningen. Det är en **enkel** klänning. Vad ska hon göra med den nu? Går det att lämna tillbaka den eller ska hon sälja den? Ska hon behålla den som ett minne? Nej, det blir för **sorgligt**. Hon måste göra sig av med den. Nu.
Lena sveper in sig i morgonrocken och går till Johannas rum. Dörren står öppen och Lena går in. På golvet bredvid sängen ligger Johannas svarta kofta. Lena går fram och ska väcka Johanna och be henne om hjälp, hon måste lämna tillbaka klänningen. Lena sträcker sig för att röra vid Johannas arm och väcka henne. Men så ser hon något.
Lena **stapplar** bakåt. Hon går ut ur Johannas rum och går direkt ner till köket. Hon lägger fram sin telefon och ställer fram en flaska whisky. Sedan försöker hon ta ett **beslut**.

upptäckt *u*	Entdeckung
fruktansvärd	schrecklich
ära *u*	Ehre
plocka fram	hervorholen, nehmen
gå ner	untergehen
somna om	einschlafen
enkel	einfach
sorglig	traurig
stappla	stolpern
beslut *n*	Entscheidung
yrvaken	schlaftrunken, gerade aufgewacht

Mattias vaknar av att Annika ringer.
"Vi måste åka nu", säger hon.
"Vad är det som har hänt?" frågar Mattias **yrvaket**.
"Jag är på väg till dig nu. Jag berättar i bilen", säger hon och lägger på.
Mattias tittar på klockan. Det är tidig morgon. Två timmar tills klockan ska ringa för att han ska gå upp.

Övning 10: Prepositioner. **Wie lautet die richtige Präposition? Setzen Sie ein!**

1. Lena går in ________________ sovrummet.
2. Lena tar ________________ sig pyjamasen.
3. Lena sitter ________________ solstolen ________________ altanen.

Han gör en kopp kaffe. Han klär på sig och tar med kaffet i en termos. När han hör en bil komma på gatan vet han att det är Annika.

"Kaffe?" frågar han.

"Ja, tack så mycket", säger hon.

"Vad är det som har hänt?" frågar han igen.

"Lena ringde", säger Annika sammanbitet.

"Jaha, vad sa hon?"

"Att hon varit inne i Johannas rum när hon sov", börjar Annika och kör ut på landsvägen mot Spexhult.

"Johanna har **rivsår** på armarna", säger Annika och tittar på Mattias.

Han suckar djupt.

"Då åker vi", säger han.

De kommer fram till Lenas hus. Det är lugnt och stilla. Solen har precis börjat gå upp. Lena sitter utanför på farstubron.

Spexhult ist ein Dorf, etwa vier Kilometer von Nässjö entfernt am See **Spexhultasjön**. Dort gibt es viele Sommerhäuser und es wird reichlich Fisch geangelt. Im August und September dürfen während einer Zeit von zwei Wochen auch Krebse gefangen werden.

Farstubron (man kann auch *farstukvist* oder *förstubro* sagen) ist eine Art überdachter Hauseingang, oft aus Glas, der mit Bänken und Kissen stimmungsvoll eingerichtet ist, vor allem bei älteren schwedischen Häusern.

Annika och Mattias går mot henne samtidigt som hon hör en bil till köra upp på uppfarten. Det är Tomas. Hon ringde honom så snart Lena hade ringt och väckt henne.

"Är Johanna där inne?" frågar Annika.

Lena nickar långsamt.

"Hon sover i sitt rum", säger hon.

Lena försöker resa sig men hon är vid det här laget så berusad att det inte går.

Tomas går fram till henne och pratar med henne medan Annika och Mattias går in i huset.

"Johanna", säger Annika samtidigt som hon knackar på dörren.

"Vad?" kommer ett **förvirrat** svar.

"Det är Annika. Kan jag komma in?"

"Vänta, vad är det som hänt?" säger Johanna inifrån rummet.

När Annika och Mattias kommer in sitter Johanna upp i sängen, med sin svarta kofta på.

"Johanna. Vi kommer behöva se på dina armar", säger Annika lugnt.

Johanna stelnar till. Hon tar långsamt av sig koftan och ställer sig upp. På armarna är det **rivmärken**.

rivsår *n*	Kratzwunde
förvirrad	verwirrt
rivmärke *n*	Kratzer

"Du behöver följa med oss till polisstationen", säger Annika.

Johanna följer med utan protest. Hon tittar hela tiden ner i marken. Lena tittar bort från henne och gråter.

De åker till stationen och leder in Johanna i ett förhörsrum.

"Vi kommer att behöva ta ett dna-test, Johanna. Vad tror du att resultatet kommer att visa?" säger Annika.

Johanna drar i ärmarna på den svarta koftan. Annika förstår nu att hon försökte dölja rivsåren med koftan, och det var därför hon var så nervös hela tiden.

"Jag gjorde det för vår skull, min och mammas. Hon måste bara förstå det", säger Johanna.

"Olof kom in i våra liv och **förstörde** allt. Charmade mamma, levde på hennes pengar och utnyttjade henne och hennes **ställning**. Det kom fram mer och mer att han hade skulder, att han hade en familj som inte ville veta av honom för att han betett sig så illa. Men mamma var förälskad och såg honom inte för den han var. Mamma började dricka mer och mer. Jag märkte på henne att det var på grund av honom. Både för att hon tyckte att det var jobbigt att leva med honom för att han levde som en parasit och åt upp hennes pengar, och för att han själv drack och alltid hittade en ursäkt till att dricka. Jag trodde aldrig att deras **förhållande** skulle hålla men sen friade den **jäveln** till mamma." Johanna stirrar ner i bordet.

förstöra	zerstören
ställning *u*	Position, Stellung
förhållande *n*	Beziehung
⚡ **jävel** *u*	Dreckskerl
domdera	herumkommandieren
rädda	retten
⚡ **supa**	saufen
ro	rudern

"Jag kunde inte låta henne gifta sig med honom. Mamma har försvunnit mer och mer från mig sedan de träffades. Jag kände mig inte välkommen i huset när Olof var där. I mitt hus, som jag har växt upp i! Som jag en dag vill bo i! Och där skulle han vara och **domdera** och ville göra om mitt gamla rum till ett kontor, menade han. Det finns fyra andra rum som kan vara kontor!" Johanna tog en paus.

"Han kom in i våra liv och förstörde allt och jag var trött på det. Han har förstört relationen mellan mig och min mamma. Med

Övning 11: Vilken form är rätt? **Setzen Sie die Wörter in der passenden Form in die Lücken ein!**

kofta säng armar rum

"Vänta, vad är det som hänt?" säger Johanna inifrån

1. ________________.

När Annika och Mattias kommer in sitter Johanna upp i

2. ________________, med sin svarta kofta på.

"Johanna. Kan du ta av dig din kofta. Vi kommer behöva se på dina armar", säger Annika lugnt.

Johanna stelnar till. Hon tar långsamt av sig

3. ________________ och ställer sig upp. På

4. ________________ är det mycket riktigt rivmärken.

giftermålet skulle han få ta del av hennes pengar och huset. Jag ville inte att han skulle förstöra mer. Mamma vägrade lyssna på mig. Jag försökte **rädda** henne."

"Vad hände, Johanna?" säger Annika.

"Han var ute ofta med sina vänner. Jag ringde mamma på kvällen och frågade om han var ute med dem, och det var han så klart. Ute och **söp** bort mammas pengar. Så jag körde ner hit på kvällen, väntade vid ödehuset vid uppfarten och mötte honom där. Jag sa att vi skulle ut och lära känna varandra bättre. Och så hade jag med mig en flaska whisky. Han var redan berusad och gick med på det så klart. Vi gick direkt ner till båten och **rodde** iväg. Han var bra på att dricka. Efter en stund hade han druckit rejält och jag väntade bara på att han skulle somna av spriten. Jag rodde in till en **vik** som var **dold**. Då tog jag **dynan** jag satt på och höll framför munnen på honom. Jag trodde att det skulle gå lättare, men han vaknade till och försökte ta sig loss. Han rev mig på armarna och försökte **sparka** sig loss, men han var så full att det inte gick. Han hade ingen kraft. Till slut slutade han **sprattla**. Han bara låg där. Jag välte ut honom ur båten och där låg han i vattnet. Jag rodde ut igen en bit på sjön, tog loss årorna och la dem i vattnet. Sedan hoppade jag i och simmade in till en vik där jag gick upp och gick tillbaka till min bil", säger Johanna.

vik *u*	Bucht
dold	versteckt
dyna *u*	Sitzkissen
sparka	treten
sprattla	zappeln

Hon lutar sig tillbaka och ser trött ut.

"Johanna, förstår du vad som kommer hända nu?" frågar Annika.

"Ja. Han förstörde mitt liv. Men mamma är fri från honom", svarar Johanna lugnt.

Farlig midsommar

Charlotte Müntzing

1 Uppbrott

"Hoppas att maten smakade bra."

Helena ser på **hovmästaren** som ler och håller upp restaurangens dörr för henne.

"Det smakar alltid bra hos dig, Guido", säger hon. Helena har ätit middag(i) på sin favoritrestaurang. Hon firar att hennes **semester**(i) börjar i dag. Hon stannar utanför restaurangens dörr. Ur **ryggan** tar hon fram sina bilnycklar. Hon börjar gå när en man kommer fram till henne.

> **Middag** ist nicht, wie man denken könnte, die Mahlzeit mitten am Tag, sondern die am Abend. Ist diese eher einfacher Art, spricht man von *kvällsmat*. Mittagessen nennt man *lunch*.

> Achtung! **Falscher Freund**:
>
> *semester* = Urlaub; Semester = *termin*; Termin = *tid, möte*.

"Hej Helena", säger han.

Helena **känner igen** mannen som bor på **nedersta våningen** i samma hus som hon. De har bara träffats en gång tidigare i **trapphuset**. Han kommer **tydligen** ihåg vad hon heter.

"Kan du ta det här **kuvertet** åt mig?" fortsätter han. "Jag ska på ett möte och vill inte ha det

uppbrott *n*	Aufbruch
hovmästare *u*	(Ober-) Kellner
semester *u*	Urlaub
ϟ **rygga** *u*	Rucksack (Kurzform v. ryggsäck)
känna igen ngn	jmd. wiedererkennen
nedersta våningen	Erdgeschoss
trapphus *n*	Treppenhaus
tydligen	anscheinend
kuvert *n*	Briefumschlag

med mig. Jag kommer upp till dig i morgon och hämtar det. Okej?"

Han räcker fram ett brunt kuvert till Helena. Hon tar emot kuvertet och innan hon hinner säga någonting har han gått sin väg. Helena skakar lite på huvudet.

Är han lite **tokig**? **tänker** hon.

Hon stoppar ner kuvertet i ryggan och går mot bilen. Den är parkerad några **kvarter** bort. Helena går långsamt **medan** hon tittar i skyltfönstren. Så kommer hon fram till bilen. Den står parkerad på en liten **sidogata**. Trots den ljusa sommarnatten (i) är det mörkt på den lilla gatan. Hon sätter sig i bilen, stoppar nyckeln i **tändningslåset** och vrider om. I ljuset från bilens **strålkastare** ser hon tre män. En av dem ligger på marken. Två står **lutade** över honom. En av männen har ett **vapen** i handen. En av männen riktar en ficklampa mot Helenas bil. Han kontrollerar mitt bilnummer, tänker hon. Snabbt **lägger** hon **i backen** och backar **i full fart** ut mot huvudgatan. En av männen springer efter. Han tar tag i dörrens handtag och försöker få upp den. Tack gode Gud för **automatlås**, tänker Helena. Hon kör ut på huvudgatan. Mannen ramlar. Helena kör fort därifrån.

(i) In Schweden geht die **Sonne** im Sommer sehr spät bis gar nicht unter, so dass abends und nachts noch sehr viel Leben ist.

tokig	verrückt
tänka	denken
kvarter *n*	(Straßen-) Block
medan	während
sidogata *u*	Seitenstraße
tändningslås *n*	Zündschloss
strålkastare *u*	Scheinwerfer
lutad	gebückt, gebeugt
vapen *n*	Waffe
lägga i backen	Rückwärtsgang einlegen
ϟ **i full fart**	rasend schnell, mit Karacho
automatlås *n*	Zentralverriegelung

Nu **är det bråttom**, tänker hon.

Männen kommer att ringa till **bilregistret**ⓘ. Då får de veta vad jag heter eftersom bilen är registrerad på mig. Sedan kontrollerar de mitt namn i telefonregistret och då får de veta var jag bor. Det tar bara tio minuter.

> Über das Internet oder per SMS kann in Schweden jeder die Angaben zu einem **Auto** und sogar zu dem **Fahrzeughalter** in Erfahrung bringen. Auch Telefonnummern und Adressen können im elektronischen Telefonbuch leicht herausgefunden werden.

Helena kör i 110 km/tim genom Stockholms innerstad. Inte en polisbil **syns till**. Var är ni när man behöver er? tänker hon. Hon parkerar bakom sitt hus och går in via **källaringången**. Det är tyst i trapphuset och hon springer snabbt upp för de tre trapporna. Inne i **lägenheten** tar hon sin **akutväska**ⓘ med pass, pengar och **värdeföremål**. I en annan väska stoppar hon ner sin **dator** och lite kläder. Helena låser dörren och smyger i mörkret ner för trapporna. När hon kör tillbaka genom innerstaden möter hon en civil polisbil som har blåljuset på. Någon ringer och anmäler **fartdåren** som kör här, tänker hon och börjar fnissa. Snart skrattar hon högt. Hon förstår att hon är i chocktill-

> Die **schwedische Regierung** hat 2018 eine **Informationsbroschüre** an alle Haushalte verteilen lassen, in der man die Einwohner auf 20 Seiten aufklärt, wie man sich bei einer Wirtschaftskrise oder bei einem Kriegsfall zu verhalten hat, z.B. eine Erste-Hilfe-Tasche parat haben.

det är bråttom	es eilt
bilregister *n*	Fahrzeugregister
synas till	zu sehen sein
källare *u*	Keller
lägenhet *u*	Wohnung
akutväska *u*	Erste-Hilfe-Tasche
värdeföremål *n*	Wertsache
dator *u*	Computer
fartdåre *u*	Raser

stånd. Hon kör E4 **söderut** och när hon får se **skylten** *Nynäshamn* vet hon vart hon ska fara. Helena kommer fram till **färjeläget** en halv timme innan färjan

> **Visby** liegt auf der Insel Gotland und ein Großteil der Stadt ist Teil des Weltkulturerbes UNESCO. Von Nynäshamn, südlich von Stockholm, gibt es eine Fährverbindung nach Visby.

> Nach Weihnachten ist **midsommar** der wichtigste Termin für Schweden. Man feiert ausgelassen und vorzugsweise auf dem Land oder am See und singt, tanzt und isst traditionell mit Freunden und Familie die ganze Nacht hindurch. Die Mittsommernacht fällt auf den Samstag zwischen dem 20. und 26. Juni und löst bei den meisten Schweden ein wahres Hochgefühl aus.

> Im Schwedischen gibt es einige **Verwandtschaftsbezeichnungen**, die spezifizieren, ob es sich um die Seite des Vaters oder die der Mutter handelt. Beispielsweise ist **faster** (gebildet aus **far**, Vater, und **syster**) die Tante väterlicherseits. Die Entsprechung mütterlicherseits heißt **moster** (von **mor** und **syster**).

söderut	nach Süden
skylt *u*	Schild
färjeläge *n*	Fähranleger
faster *u*	Tante (väterlicherseits)
yrvaken	schlaftrunken
husvakt *u*	Haussitter
komma på ngt	auf etw. kommen

till Visby ska gå.

"Nu har du tur", säger mannen i biljettförsäljningen. "Du får den sista bilplatsen. Allt är sålt. Det är ju midsommar i morgon. Alla ska till Gotland."

Midsommar! Det har hon alldeles glömt bort. Hon tar fram telefonen. Efter fyra signaler svarar hennes **faster**. Hon är **yrvaken**.

"Kära barn", säger hon när de har pratat en stund. "Det är klart att du får komma hit. Det passar mycket bra. Jag ska åka till mitt hus i Provence i morgon. Du får vara **husvakt**. Men **kom** du **på** det nu? Mitt i natten? Att du ville till Gotland?"

"Jag berättar senare. Ring mig när du är framme i Provence", säger Helena.
Tre timmar senare kommer färjan in till Visbys hamn.
Helena står ute på däck.
Rosornas stad, tänker hon och ser bort mot den höga **ringmuren** som omger den gamla Hansastaden. Innanför ringmuren har inte mycket ändrats. Hela staden är som ett museum. Helena brukar åka med sin faster till Visby. De går på restaurang och äter glödhoppor(i). De **rimmade**, grillade **lammskivorna** är det bästa Helena vet. Hon står och tänker på saffranspannkaka(i) med **salmbärssylt** när hennes telefon ringer.
Det är nog faster, tänker hon och svarar utan att titta på displayen. Det är tyst i andra änden av luren. Då hörs färjans **högtalare** som ber alla bilförare att gå till bildäck.
Mannens röst är **överlägsen** och **hotfull** i telefonen.
"Aha! Du åker båt. Du kan inte **gömma dig** för oss. Vi kommer att hitta dig. Snart."
På displayen står det: Hemligt nummer.

> (i) **Glödhoppor** – wortwörtlich etwa "Gluthüpferchen" – ist ein typisches gotländisches Gericht: dünne Scheiben von gegrilltem, gesalzenem Lammfleisch.

> (i) Auch **saffranspannkakor** ist eine gotländische Spezialität. Es ist ein luftiger, gelber Kuchen bestehend aus Safran, Reis, Eier, Honig, Sahne und Mandeln. Er wird traditionell mit einer Soße aus Kratzbeere (**salmbär**) gegessen, eine Art Brombeere, die wild auf Gotland wächst.

ringmur *u*	Ringmauer
rimma	*hier:* in Salzlake einlegen
lammskiva *u*	Lammscheibe
salmbärssylt *u*	Kratzbeerenkonfitüre
högtalare *u*	Lautsprecher
överlägsen	überheblich
hotfull	drohend
båt *u*	Schiff
gömma sig	sich verstecken

Övning 1: Rätt eller fel? Welche Aussagen sind richtig? Kreuzen Sie an!

1. ❏ a) Alla bilplatser är slut på färjan.
   ❏ b) Det finns en bilplats kvar på färjan.
2. ❏ a) Helenas mamma ska åka till Provence.
   ❏ b) Helenas faster ska åka till Provence.
3. ❏ a) Mannens röst i telefonen är vänlig.
   ❏ b) Mannens röst i telefonen är hotfull.
4. ❏ a) Helena kan inte köra bil.
   ❏ b) Helena kan köra bil.
5. ❏ a) I Visby finns en gammal stadskärna.
   ❏ b) I Visby finns bara moderna hus.

2 Midsommarnatt

När Helena kör in framför sin fasters hus är det tyst. Hela huset är **mörkt**. Klockan är fyra på morgonen och det är **ljust** ute. Hennes faster sover.

Hon ska åka med morgonfärjan så hon går snart upp, tänker Helena och går upp för trappan till gästrummet. I det rummet har hon sovit många somrar.

Helenas pappa **dör** när hon är sju år.

Hennes mamma arbetar **heltid** för att försörja dem så Helena får bo hos sin faster varje sommar. Hon tycker om den tiden. Faster är rolig att bo med. Hon lär Helena mycket om djur och natur. Och så lär hon Helena att räkna. Faster är revisor och har egen revisionsfirma. Den är mycket **lönsam**. På bordet bredvid sängen står en stor bukett med blommor.

Helena är allergisk mot blommor.

Hon går till ett litet rum längre bort i korridoren.

Där finns ett rum som faster ställer in en massa **skräp** i. I rummet står en säng.

Helena **kryper** ner i sängen.

mörk	dunkel
ljus	hell
dö	sterben
heltid *u*	Vollzeit
lönsam	rentabel
skräp *n*	Kram, Gerümpel
krypa	kriechen
bredvid	neben
mördare *u*	Mörder
spåra	aufspüren
envis	hartnäckig, stur
svår	schwer

Övning 2: Deklinera. **Bilden Sie die unbestimmte Pluralform der Substantive!**

1. säng ______ *sängar* ______
2. hus ____________
3. trappa ____________
4. sommar ____________
5. blomma ____________

Hon vaknar inte förrän solen står högt på himlen. Klockan är elva. Helena går ner till köket för att koka kaffe. Faster är inte där. Hon ringer när hon är framme i Provence, tänker Helena. Hon sitter vid köksbordet och tänker på sin situation. Hon tänker på de båda männen. Helena förstår att mannen som ligger på gatan är död. Han blir mördad av de två männen som står **bredvid**. De två **mördarna** kan lätt **spåra** hennes telefonnummer. Otur att färjans högtalare startar när hon svarar i telefonen. Men, tänker hon, de kan ju inte veta vilken båt jag är på. Det går många båtar till olika destinationer från Stockholm. Det kan vara båten till Estland. Men en liten tanke surrar **envist** i hennes bakhuvud. Så kommer hon på det. Rösten i högtalaren pratar gotländska(i). Det är en dialekt som hela svenska folket känner igen, tänker hon. Men det blir **svårt**

> Der **gotländische Dialekt** ist sehr charakteristisch und zeichnet sich u.a. durch eine vom Standardschwedischen abweichende Aussprache sowie durch eine besondere Intonation aus. Eine bekannte "Repräsentantin" dieses Dialekts ist die Komikerin und Schauspielerin Babben Larsson.

> In Schweden trinkt man gern und reichlich zu allen Tageszeiten **Kaffee**. Bei der Statistik des Pro-Kopf-Konsums von Kaffee landet Schweden seit Jahren unter den ersten drei Plätzen. Die mehrmaligen Kaffeepausen (*fika*) am Tag sind den Schweden heilig, auch am Arbeitsplatz! In vielen Cafés und Restaurants kann man sich die Tasse beliebig oft nachschenken, d.h. einen *påtår* nehmen, ohne dafür extra bezahlen zu müssen.

för dem att spåra mig till faster. Vi har inte samma efternamn. Faster som har varit **gift** behåller sin mans namn eftersom det är adligt. Det är fint, tycker faster. "Bra för **affärerna**", säger hon till Helena.

Helena pratar högt för sig själv när hon går fram och tillbaka på köksgolvet med en kaffekopp i handen.

"Det här huset ligger lite isolerat. Risken att jag blir upptäckt är liten. Under tiden utreder polisen mordet och tar fast **gärningsmännen**. Jag stannar här."

Övning 3: Ordförståelse. **Lesen Sie weiter und ergänzen Sie den Text mit den folgenden Wörtern. Nicht alle Wörter passen und einige bleiben übrig!**

högtalare | vägen | ingen | snabbt | färja | ~~gå~~ | tillbaka | räkna | väntar | tittar

I fasters kylskåp är det tomt och städat. Helena bestämmer sig för att **1.** ___*gå*___ till den lilla affären en kilometer bort. Hon går ut genom köksdörren och försvinner in på en liten **skogsstig** som inte syns från **2.** ________________. Ett kort ögonblick får hon känslan att någon **3.** ________________ på henne. Hon ser sig omkring men ser ingen. **Gömd** bakom en buske **4.** ________________ hon sedan utanför affären tills hon är säker på att det inte är några kunder därinne.

5. ________________ plockar hon ihop lite varor. Flickan i kassan är **6.** ________________ hon känner och snart är hon på väg **7.** ________________ till fasters hus.

Det **prasslar** i ett **buskage**. Helena stannar. Hjärtat far upp i halsgropen. Ut ur buskarna kommer två stora rottweiler-hundar.
Helena står stilla.
Det gör hundarna också.
"Dana! Robin! Kom hit!" En man ropar på hundarna, men de står kvar på stigen.
"Helena! **Så roligt** att du är här!" Med utslagna armar kommer Anders emot henne. Anders är en gammal **barndomsvän** till Helena. De gjorde många roliga utflykter när Helena bodde hos faster. Helena **suckar** av **lättnad**. Anders slår armarna om henne och Helena börjar **gråta**. Hon **storgråter**. Spänningen släpper efter en stund. Anders tar henne i handen och leder henne upp till en **klippavsats** –

gift	verheiratet
affär *u*	Geschäft
gärnings-man *u*	Täter
(skogs-)stig *u*	(Wald-)Pfad
gömd	versteckt
prassla	rascheln
buskage *n*	Gebüsch
Så roligt!	Wie nett! Wie schön!
barndom *u*	Kindheit
sucka	seufzen
lättnad *u*	Erleichterung
gråta	weinen
storgråta	heftig weinen
klippavsats *u*	Felskante

Raukar sind faszinierende über 10 Meter hohe Kalksteinsäulen, die es besonders zahlreich auf der Insel Gotland gibt. Sie stehen streng unter Naturschutz und man darf selbst das kleinste Steinchen nicht als Souvenir mit nach Hause nehmen.

Achtung! **Falscher Freund**:

haven = die Meere; Hafen = *hamn*.

Alkohol ist in Schweden ausschließlich in Geschäften des staatlichen Unternehmens *Systembolaget* erhältlich. In kleineren Orten gibt es oft lizenzierte Geschäfte, meistens Supermärkte, über die man Waren von *Systembolaget* bestellen kann.

Hering (*sill*) ist in Schweden allgegenwärtig auf dem Esstisch – vor allem an **midsommarafton**. Hier eine Auswahl an verschiedenen Zubereitungen:

inlagd sill = eingelegter Hering; *löksill* = Hering mit Zwiebeln eingelegt; *tomatsill* = Hering in Tomatensoße; *dillsill* = Hering mit Dill; *matjessill* = Matjesfisch; *stekt sill* = Brathering; *surströmming* = in der Dose gegorener Hering.

en stor rauk. Där sätter de sig ner och ser ut över havet som idag är djupt mörkblått med små vita **gäss**.

"Nu vill jag gärna ha en cigarett", säger Helena.

"Röker du?" Anders ser förvånat på henne.

"Nej! Naturligtvis gör jag inte det. Jag **slutade** med det vansinnet för många år sedan."

"Skönt att höra. Men jag har någonting här som är lika bra för nerverna. Jag har varit i butiken och hämtat lite att dricka. Det är ju midsommarafton i dag så någonting måste man ju ha." Ur ryggan tar han fram en liten flaska med snaps.

"Jag har mat också", säger han och skrattar. Han tar fram en bit **korv**, en ost, bröd, tomater, rökt lax och en **burk senapssill**. I botten på ryggan ligger en T-shirt. Den blir **duk**. Så kommer det sig att barndomsvännerna Helena och Anders sitter däruppe på klippkanten och äter midsommar-

gås *u*	*hier*: Schaum-krone; Gans
sluta	aufhören
korv *u*	Wurst
burk *u*	Dose
senapssill *u*	gesalzener Hering in einer Senf-soße eingelegt
duk *u*	Tischdecke
otrolig	unglaublich
tokroligheter *pl*	Späße, Verrücktheiten
krydda *u*	Gewürz
kapsyl *u*	Flaschen-deckel
trygg	sicher, geborgen

buffé en **otroligt** vacker sommardag.
"Skål för midsommaren", säger han och ser henne djupt i ögonen."
"Ja", säger Helena. "Skål för midsommar då människor lever upp och ingenting är särskilt allvarligt. Det är natten då man inser att **tokroligheter** är livets **krydda** och man ler åt allting. Skål!"
Helena dricker ur **kapsylen** och Anders direkt ur flaskan. För Helena är det här en midsommarafton hon kommer att minnas länge. Med Anders känner hon sig **trygg** och efter två snapsar berättar hon allt som har hänt. Men hon glömmer att berätta om kuvertet.
"Har du berättat det här för polisen?" frågar Anders som nu är mycket allvarlig. "Vet du hur männen ser ut?"

Övning 4: Imperativ. Wie lautet die Befehlsform? Schreiben Sie auf!

1. komma _____Kom!_____
2. köra __________
3. åka __________
4. tar fast __________
5. står __________

"Bara den ene. Han som försöker öppna dörren. Den andre mannens **ansikte** ser jag aldrig. Men vad händer sedan? Låser polisen in mig i en cell så att de kan garantera min **säkerhet**? Och hur länge? Och om de får tag på mördarna, ska jag vittna då? Efter tre år är de ute ur **fängelset**. Nej, det är bättre att inte kontakta polisen. Jag stannar här och hoppas att polisen ordnar det."

"Jag tycker inte om tanken att du bor ensam i din fasters stora hus. Du får ha Dana och Robin hos dig."

Helena ser på de två hundarna som ligger vid deras fötter. Uppmärksamma hundögon följer korven som ligger i sitt papper på "duken".

"Får jag?" frågar Helena.

"Ja. Okej."

Helena **delar** korven i två lika stora bitar. Hundarna förstår vad som ska ske och börjar **vifta** på **svansarna**. Helena lägger en korvbit i varje **handflata** och sträcker fram till två hundnosar som försiktigt tar godsakerna. Anders skrattar.

"Det där är andra gången i deras liv som de får korv. Nu är du deras favorit."

När maten är uppäten klättrar de ner från klippan och badar. De är noga med att inte komma för långt ut. Farliga **underströmmar lurar** utanför klippkanten. Eftermiddagen blir kväll. Ingen av dem har lust att gå hem. Anders rygga innehåller även en flaska rödvin. Det finns både bröd och ost kvar. Anders hus ligger en dryg kilometer från hennes fasters. Han följer henne dit och stannar vid köksdörren.

ansikte *n*	Gesicht
säkerhet *u*	Sicherheit
fängelse *n*	Gefängnis
dela	teilen
vifta	wedeln
svans *u*	Schwanz (Tier)
handflata *u*	Handfläche
underström *u*	Unterströmung
lura	*hier:* lauern

"Jag kommer med mat till hundarna lite senare", säger han och lämnar över två hund**koppel** till Helena innan han går.
Helena och hundarna går upp till övervåningen. Där öppnar hon dörren till sitt sovrum. Därinne är det kaos. Sängen är **uppriven**, **byrålådor** är **utdragna**.
"Vem har gjort det här?!" Helena stannar i dörren och bara stirrar. Hundarna **nosar** bland sakerna men lägger sig sedan ner på golvet och bara ser på henne.
"Kom! Vi går runt i huset och kollar", säger hon och går in i fasters sovrum. Garderobsdörrarna är öppna och kläder ligger på golvet. I fasters arbetsrum på nedre våningen har pärmar rivits ut från **bokhyllorna** och en låda i skrivbordet är utdragen. Helena tar upp telefonen ur jeansfickan. Hon slår numret till polisen, **hejdar sig** och stänger sedan av telefonen. Om jag anmäler **inbrottet** så kanske lokaltidningen skriver om det och då får folk veta att jag är här. Så kommer hon ihåg att hon inte låste köksdörren när hon gick till lanthandeln. Hon kommer också ihåg känslan av att någon tittar på henne. Kanske var det inte **inbillning**.

koppel *n*	Leine
uppriven	aufgerissen
byrålåda *u*	Schublade
utdragen	ausgezogen
nosa	schnüffeln, riechen
bokhylla *u*	Bücherregal
hejda sig	stoppen
inbrott *n*	Einbruch
inbillning *u*	Einbildung
fort	schnell
alldeles	ganz

Helena städar. Det tar flera timmar innan hon är färdig. Hon tar fram hundarnas koppel.
"Kom så går vi på midnattspromenad", säger hon och låser upp den stora ytterdörren. Utanför dörren står en påse med hundmat. Helena går **fort** med hundarna. Det är midsommarafton och **alldeles** ljust ute. På avstånd hör hon folk som sjunger. Det är väl några som fortfarande sitter ute och äter supé, tänker

hon. Det är inte så varmt ute och hon **ångrar** att hon inte tagit på sig sin jacka. På vägen står plötsligt en man. Var kommer han ifrån? Han går fram mot henne. Han stannar.

"Hej. Jag heter Christer Jansson", säger han och räcker fram handen. "Du är väl Helena? Min mamma sa att hon hade hört att du har kommit hit."

Christer Jansson. Helena kommer ihåg. Han är sex år äldre än hon.

ångra	bereuen
skillnad *u*	Unterschied
rykte *n*	Gerücht; Ruf
oro *u*	Sorge, Unruhe
pirra	kribbeln

Sex år är stor **skillnad** när man är i tonåren, tänker hon. Hon har sett honom då och då, men de träffar aldrig varandra.

"**Ryktet** färdas snabbt", säger Helena och känner hur **oron pirrar** i magen.

Övning 5: Ordkunskap. Wie heißen die Familienmitglieder? Ordnen Sie zu!

1. ☐ bror	a) Onkel
2. ☐ syster	b) Oma
3. ☐ syskon	c) Schwester
4. ☐ moster/faster	d) Opa
5. ☐ morbror/farbror	e) Bruder
6. ☐ mormor/farmor	f) Geschwister
7. ☐ morfar/farfar	g) Tante

Om Christers mamma vet att hon är här – då kanske fler vet det. Känns inte bra.
"Ja", säger hon. "Jag ska passa fasters hus medan hon är i Frankrike."
"Jag ser att du har skaffat **livvakter**." Christer pekar på hundarna som är helt lugna och viftar på svansarna. "Jag känner de där två. Det är Anders hundar.
De bor hos mig när Anders är i Stockholm. Det är han ganska ofta."
Det blir en lång promenad.
Det är lätt att prata med Christer.
Helena berättar om sitt arbete som **redovisningsansvarig** för en stor **livsmedelskedja**.
"Det är ett intressant arbete", säger hon, "men jag funderar på att börja studera igen. Jag vill gärna arbeta med turism. Problemet är att jag inte **har råd**. Vad arbetar du med?"
"Det är mest statliga utredningar", svarar Christer, "och så hjälper jag mamma med **fåren**. Min pappa dog för tre år sedan, men vi behåller fårskötseln. Det låter inte så spännande, eller vad säger du?" Han tittar på henne och skrattar. De går förbi gården där Christer bor.
Han stannar.
"Jag blir alltid hungrig när jag är ute och går", säger han. "Vill du ha ett glas vin och glödhoppor?"
Det vill Helena gärna.
Det är bara midsommar en gång om året.
Det är **tidig** morgon när hon och hundarna kommer tillbaka till fasters hus.

livvakt *u*	Leibwächter
redovisning *u*	Buchhaltung
ansvarig	zuständig, verantwortlich
livsmedelskedja *u*	Lebensmittelkette
ha råd	sich leisten können
får *n*	Schaf
tidig	früh

Övning 6: Prepositioner. **Lesen Sie weiter und setzen Sie die richtige Präposition in die Lücken!**

i | igenom | ~~med~~ | framför | på | in | i | om

Hon ser **genast** att någonting är fel **1.** ___*med*___ hennes bil. Bagageluckan är inte riktigt stängd. **2.** ________ bilen ligger en damsko. En dyr sko. Någon har sökt **3.** ________ bilen, tänker Helena. Jag kör **4.** ________ den **5.** ________ garaget så kan jag låsa om den. Garagedörren är olåst. Fasters bil står **6.** ________ garaget. I **framsätet** sitter faster. Hon har bara en sko **7.** ________ sig. **8.** ________ halsen har hon en sidenscarf. Den är hårt **åtdragen**. Faster har blivit **strypt**.

genast	sofort
framsäte *n*	Vordersitz
dra åt	zuziehen
strypa	erwürgen

3 Kuvertet

Kriminalinspektör Lindgren ser **bekymrat** på Helena. Hon ligger i en **vilstol** på altanen och gråter.
Rättsläkaren har undersökt faster och berättar att hon dog vid fem-tiden på midsommaraftons morgon.
"Du kommer alltså till Visby med nattfärjan", säger Lindgren. "När du kommer hit till huset går du genast och lägger dig. Är det rätt **uppfattat**?"
Helena nickar.
"Träffar du din faster på morgonen?"
Helena skakar på huvudet.
"Du sover till mitt på dagen, äter frukost och går sedan till affären. Där träffar du en gammal vän som du sedan **tillbringar** eftermiddagen och en del av kvällen med. När du kommer tillbaka till huset uppfattar du att någon har **brutit sig in** i huset. Men du ringer inte och anmäler det. Varför inte?"
"Polisen har inte tid med inbrott. Det står i **tidningarna** varje dag. Och igår var det midsommarafton. Då har ni ändå så mycket **bus** och **fylla** att ta hand om."
Lindgren suckar.
"Du gör det inte lätt för mig. **Försvårande** av polisarbete är faktiskt straffbart."

bekymrad	besorgt
vilstol *u*	Liegestuhl
rättsläkare *u*	Rechtsmediziner
uppfatta	verstehen
tillbringa	verbringen
bryta sig in	einbrechen
tidning *u*	Zeitung
bus *n*	Unfug
fylla *u*	Suff, Trunkenheit
försvårande *n*	Erschweren

"Men jag vet inte då att faster ligger död i garaget. Då hade jag inte rört en sak."
Helena reser sig från vilstolen.
Nu börjar hon bli **arg**.
Helena och Lindgren sitter sedan i köket och pratar i flera timmar.
"Nu kommer vi nog inte längre idag", säger Lindgren och reser på sig. "Var ska du bo i natt?" undrar han. "Här kan du inte bo. Det här är en **brottsplats**. **Tidningsbudet** hyr ut rum. Han bor en kilometer härifrån."

arg	wütend
brottplats *u*	Tatort
tidnings-bud *n*	Zeitungsbote
trasmatta *u*	Flicken-teppich
broderad	bestickt
örngott *n*	Kopfkissen-bezug
stekt ägg *n*	Spiegelei
vara rädd	Angst haben
smycke *n*	Schmuck
generad	verlegen
vara i fred *u*	in Ruhe gelassen werden
rynka pannan	die Stirn runzeln
komma ihåg	sich erinnern
minne *n*	Erinnerung

Mycket trevligare än ett hotellrum, tänker Helena när hon kommer in i rummet som tidningsbudet hyr ut. Fint bäddad säng, vacker **trasmatta** på trägolvet och en lampa som sprider ett mjukt sken. Det luktar rent och gott. Helena kryper ner i sängen, lägger huvudet på det **broderade örngottet** som luktar sol och vind – och somnar. Nedanför sängen ligger Dana och Robin.

Wohnen wie Astrid Lindgren: **Flickenteppiche** sind in Schweden sehr populär und haben eine lange Tradition. Sie sind nicht nur in schwedischen Sommerhäusern zu finden, sondern zunehmend trendy auch in eleganten Stadtwohnungen.

Morgonen därpå vaknar hon av att det luktar kaffe. Gott kaffe. I köket står tidningsbudet och steker ägg.

"Har du sovit gott?" frågar han och ställer en tallrik med rostat bröd, tomater och **stekta ägg** framför Helena.
"Alldeles utmärkt", svarar hon och häller upp ännu en kopp kaffe till sig. "Jag vill be dig att du inte berättar för någon att jag bor här hos dig", säger hon när hon har ätit färdigt.

> Neben Spiegeleiern (*stekta ägg*) werden in Schweden zum **Frühstück** auch gerne gekochte Eier (*kokta* ägg) mit einer Kaviarcreme gegessen. Dazu darf eine Auswahl an Heringen (*sill*) und verschiedenen Knäckebroten (*knäckebröd*) nicht fehlen.

"Det vet folk redan. En journalist ringer hit nu på morgonen och frågar efter dig. Överfallet på din faster är det tredje överfallet på två månader här på Gotland. Det är klart att tidningen är intresserad. Folk **är rädda**. De första två gångerna överlever offren. De är svårt misshandlade. Polisen tror att mordet på din faster är ett rån som har gått fel. Din faster kämpar kanske emot rånaren och då dödar han henne. Hennes plånbok och pass är borta. Dessutom har hon nog **smycken** med sig för man hittar en ring på golvet i bilen."
"Hur vet du allt det här?" undrar Helena.
"Jag heter Lindgren, Pelle Lindgren", säger han och ser lite **generad** ut. "Du har träffat min bror. Kriminalkommissarien." Han dukar av bordet. "Jag säger till journalisten att du är på polishuset om han kommer hit. Så får du **vara i fred**. Gå med hundarna på en riktig långpromenad. Det mår ni bra av allihop."
Han stannar framför hundarna och ser på dem. Han **rynkar pannan**.
"Det är någonting med de där hundarna", säger han. "Det är något jag borde **komma ihåg**, men **minnet** försvinner hela tiden." Han skakar lite på huvudet. "Det kommer kanske tillbaka."

Övning 7: Ordförståelse. **Welches Wort passt nicht in die Reihe? Unterstreichen Sie!**

1. vit svart blå ros grön
2. in på emot mellan springer
3. äter ser igen sträcker pratar
4. hall korv badrum sovrum vardagsrum
5. ost vin öl bröd klippa

"Vad gör du mer än delar ut tidningar?" frågar Helena.
Hon står vid köksfönstret och tittar ut över gårdens **baksida**. Där står rader av små hus. Varje litet hus har ett **stängsel** runt omkring.
"Det där?" Pelle står bredvid henne. "Det där är mina **kaninburar**. Jag föder upp angorakaniner. Jag säljer ullen som blir garn. Jag tycker om att **snickra** så därför gör jag små söta hus till dem."
Helena tänker gå ut och titta på kaninerna när en bil stannar utanför huset.
"Det där är nog journalisten", säger Pelle.
Helena **flyr**.
Hela dagen går hon med hundarna på isolerade platser. En gång går hon fram till ett **gatukök** och köper korvar till sig och hundarna. Försäljaren skrattar när han ser hur fort Robin äter en korv.
"Jag har många korvar som är **trasiga**", säger han. "Dem kan jag inte sälja. Du får dem till hundarna." Två överlyckliga hundar **frossar** i korv.

På kvällen **smyger** Helena fram till fasters hus. En polisbil står parkerad på framsidan. En polis tar bort de blå och vita banden som spärrar av gården.
När poliserna är borta går Helena fram till sin bil som står parkerad utanför garaget. Ur fickan tar hon fram bilnyckeln. Hon låser upp bilen, böjer sig ner och **trevar** med handen under förarstolen. Instoppat i stolen sitter ett litet etui. Där brukar Helena lägga sina nycklar och sin plånbok när hon är ute och joggar i Stockholm. Då vill hon inte bära på de sakerna. Ur etuiet tar hon fram kuvertet. Hon går snabbt in i huset och låser dörren efter sig. Dana och Robin lägger sig vid hennes fötter. Hon sitter vid skrivbordet i fasters arbetsrum. Ur kuvertet tar hon fram ett USB-minne. Det har ingen etikett, men i mitten sitter ett märke. Det är en metalliskt lysande liten punkt. Det står ingenting skrivet på den. Helena stoppar in minnet i sin dator. „Ange **lösenord**" står det på skärmen. Jaha, det var det, tänker hon. Det finns inte en chans att jag hittar det lösenordet. Ett svagt **ljud** hörs från ovanvåningen. Båda hundarna reser sig och lyssnar. Sedan lägger de sig ner igen.
Det var nog bara en mus, tänker Helena. Hon lutar sig tillbaka i fasters sköna skrivbordsstol och låter ögonen fara över de stora bokhyllornas rader. Så fastnar hennes ögon vid ett litet etui. Det är ett vackert etui i silver. I etuiet ligger **ytter-**

baksida *u*	Rückseite
stängsel *n*	Zaun, Gatter
kaninbur *u*	Kaninchenkäfig
snickra	schreinern
fly	fliehen, weglaufen
gatukök *n*	Imbissstand
trasig	kaputt
frossa	*hier:* schlemmen
smyga	schleichen
treva	tasten
lösenord *n*	Passwort
ljud *n*	Geräusch
ytterligare	zusätzlich; noch

ligare ett USB-minne. Även det har en metallisk punkt. Men varför skulle ett av fasters minnen finnas i Stockholm? Och varför har mannen från nedre botten det? Frågorna **snurrar** runt i huvudet på Helena när hon åter sätter sig vid datorn. Hon tvekar en liten stund. Så slår hon in: Lsh13å. Hon är inne. Faster behåller den kod Helena **hittar på** till henne för många år sedan. Lilla söta Helena 13 år. På skärmen kommer det upp mängder med siffror. Det tar en lång stund innan Helena förstår att de siffror hon ser är konton i olika banker och kreditinstitut. Både i Sverige och utomlands. Det är mycket stora summor.

Plötsligt lyfter Dana på huvudet och ser uppmärksamt mot den stängda dörren. Helena ser hur **handtaget** sakta trycks ner. Snabbt stänger hon av datorn och trycker ut minnet. Dörren öppnas och Anders kommer in.

snurra	kreisen, drehen
hitta på	sich ausdenken
handtag *n*	Griff
röst *u*	Stimme
trevlig	nett
plinga	klingeln
hånflina	höhnisch grinsen
spana på ngn	jdn. im Blick haben, beobachten
gapskratta	schallend lachen
vildkatt *u*	Wildkatze
riva	kratzen
sår *n*	Wunde
nyfiken	neugierig
trassel *n*	Schwierigkeiten

"Här sitter du och jobbar", säger han men **rösten** är inte samma **trevliga** röst som tidigare. "Du, det där tar jag hand om." Han pekar på minnet som ligger på skrivbordet. I samma ögonblick **plingar** det till i Helenas telefon.

"Den där tar jag också", säger han och rycker åt sig telefonen. Han läser SMS:et och **hånflinar**. "Det är från din kompis Pelle. Jag förstod att han skulle komma ihåg. Förr eller senare. Vill du veta vad han skriver?" Han läser:

Övning 8: Verb. Ergänzen Sie die Verbtabelle!

1. arbetar	arbetade	arbetat
2. sover		sovit
3. står		stått
4.	gick	gått
5.	sålde	sålt
6. ligger		legat
7.	gjorde	gjort
8.	hällde	hällt

Nu kommer jag ihåg vad som var fel med hundarna. De ligger vid din bil tidigt på midsommaraftons morgon. Jag ser dem när jag lämnar din fasters tidning. Jag brukar lägga den på trappan. Anders är alltså där när hon blir mördad. Akta dig för honom. Han är farlig säger min bror. De har visst **spanat på** *honom sedan en lång tid tillbaka. Ta kontakt med Christer. Han är polis."*

"Akta dig för honom!" Anders **gapskrattar**. "Vi som har så trevligt tillsammans. Inte sant? Inte ska du vara rädd för mig. Gör bara som jag säger så ska allt gå bra. Du ska inte vara lika dum som din faster. En riktig **vildkatt**. Hon **rev** mig bakom örat. Han tar med handen bakom örat och nu ser Helena att han under det långa håret har ett stort **sår** i nacken.
"Hon ville inte tala om var du var någonstans. Var sover du förresten?" Han ser **nyfiket** på Helena. "Jag sökte igenom hela huset, men du var inte i ditt vanliga rum. Tänk att det ska bli så mycket **trassel** för en bit plast. Han ser på minnet som ligger på skrivbordet. "Vet du vad det där är? Det är firmans hela bokföring sedan många år."

Övning 9: Motsatser. Wie lautet das Gegenteil? Ordnen Sie zu!

1.	[c] ljus	a) ful
2.	[ ] trasig	b) övre
3.	[ ] låsa	c) mörk
4.	[ ] svag	d) hel
5.	[ ] vacker	e) stark
6.	[ ] nedre	f) låsa upp

”Vilken firma?” frågar Helena.

”Ja, det är en liten organisation vi har i Stockholm. Den där Lindgren som du ser när vi skjuter, han var polis. Kusin till Pelle och kriminalkommissarien. Här på ön är alla släkt med varandra. För några veckor sedan bryter han sig in på firmans kontor och stjäl ett USB-minne med firmans hela ekonomi. Han tänker lämna över det till **ekobrottsmyndigheten** när vi får tag på honom. Men **innan dess** springer han på dig utanför restaurangen. Jag ser att han **lämnade över** någonting till dig och när vi sedan inte hittar minnet i hans fickor så förstår vi vem som har det.”

Fula ord heißt wortwörtlich ”hässliche Worte”, wird aber in der Bedeutung ”Schimpfwörter” oder ”Flüche” benutzt.

”Men”, säger Helena, ”vad har faster med er kriminella organisation att göra?”

”Kriminell organisation. Vilka **fula** ord du använder.” Han skrattar. ”Hon var vår revisor. Det visste inte jag. I morse ringer de från firman och talar om det. Det är inte så bra

att slå ihjäl firmans revisor. Hon skötte hela firmans ekonomi. Bossarna är rätt **sura** på mig nu."
Han går fram emot Helena. Han sträcker ut armen för att ta tag i henne, men Helena är redan ur stolen. Hon vet vad hon måste göra. Annars tar den här historien aldrig slut. Hon öppnar glasdörrarna och springer ut i den ljusa sommarnatten. I handen håller hon minnet. Hon springer så fort hon kan.
Tack och lov för alla träningspass, tänker hon när hon klättrar uppför klippbranten. De här klipporna känner hon utan och innan från barndomsåren. Hon springer ut mot de stora stenblocken vid branten, nedanför lyser gässen på vågorna vita. Men havet är gråsvart. Så stannar hon, vänder sig om och ser att Anders kommer efter henne.
"Titta!" ropar hon och håller upp USB-minnet i luften.
När Anders kommer fram till klippkanten är hon borta.
"Var är hon?" Han **lutar sig fram** över kanten för att se bättre. Den **våldsamma knuffen** i ryggen får honom att tappa balansen och han störtar **huvudstupa** ner i det **skummande** vattnet och försvinner.
"Hjärtliga hälsningar från faster", skriker Helena ut mot vattnet.

ekobrotts-myndigheten	Amt für Wirtschafts-kriminalität
innan dess	davor
lämna över	überreichen
ful	hässlich
sur	sauer
Tack och lov!	Gott sei Dank!
luta sig fram	sich nach vorne lehnen
våldsam	gewaltsam
knuff	Schubser
huvudstupa	kopfüber
skummande	schäumend
föra över	überweisen

Hela natten sitter hon vid skrivbordet. USB-minnet är nu instoppat i datorn. Helena **för över** pengar från firmans konton till olika organisationer. Ekonomiansvarig på *Läkare utan gränser* får ett hysteriskt anfall av glädje när han ser att en anonym person

> ℹ Ärzte ohne Grenzen (*Läkare utan gränser*) und *Operation Smile* sind gemeinnützige **Hilfsorganisationen**, die auf der ganzen Welt in Krisengebieten handeln und sich Menschen in medizinischer Not widmen.

donera	spenden
leende *n*	Lächeln

har **donerat** tjugo miljoner dollar till organisationen. Hos *Operation Smile* ℹ går alla den dagen omkring med ett äkta **leende** i ansiktet. Fyrtiofem miljoner euro kom in på deras konto.

Övning 10: Översättning. **Übersetzen Sie folgende Begriffe und enträtseln Sie das Lösungswort!**

1. men _ ☐ _ _
2. faster _ ☐ _ _ _
3. bror _ ☐ _ _ _ _
4. farbror _ ☐ _ _ _
5. stig _ _ _ ☐
6. morfar ☐ _ _
7. mormor _ ☐ _
8. båt ☐ _ _ _ _ _
9. pappa ☐ _ _ _ _
10. medan _ ☐ _ _ _ _ _
11. mörk _ _ ☐ _ _ _

Lösungswort: ☐☐☐☐☐☐☐☐☐☐☐

4 En ny värld

Dagen därpå landar **advokaten** Torkel Bohman på Visby Flygplats. Bohman är fasters advokat. Helena hämtar honom och kör honom till fasters hus. Advokaten har portfölj och ur den tar han fram många papper.

advokat *u*	Rechtsanwalt
kostym *u*	Anzug
slips *u*	Kravatte
fastighet *u*	Immobilie
narkotikaberoende	drogenabhängig
tillgodohavande *n*	Guthaben
arvsskifte *n*	Erbteilung

"Det här", säger han och håller upp två papper, "är din fasters testamente." Han sitter i fasters skrivbordsstol och ser väldigt formell ut. Han har rutig **kostym** och **slips**. "Det är ett enkelt och tydligt testamente. **Fastigheten** här ska säljas och intäkterna ska gå till forskning för rehabilitering av **narkotikaberoende**. Allt som finns här i fastigheten och samtliga bank**tillgodohavanden** tillfaller dig. Du är nu en rik kvinna." Han rättar till slipsknuten. "Här har jag ett brev från din faster. Det ska överlämnas till dig vid **arvsskiftet**."

"Provence. Huset i Provence. Vad händer med det?" undrar Helena.

"Det vet jag ingenting om. Jag har aldrig hört talas om något hus i Provence."

Helena tömmer huset. Hon har bråttom. Snart upptäcker firman att deras konton är tömda. En auktionsfirma hämtar möbler och tavlor. Faster samlade på burkar. Antika burkar och moderna burkar. I hennes arbetsrum finns ett stort skåp fullt med burkar. I burkarna ligger det **knappar**. De här skänker jag till *Röda Korset*, tänker Helena och ska just stoppa ner en stor svart burk med dekor av röda rosor när hon hejdar sig. Det ligger knappar i den. Ända upp till kanten. Men burken är för lätt. Med så många knappar **borde** den vara tyngre. Hon häller ut knapparna på skrivbordet. Ett tjugotal knappar ramlar ut. Helena tittar i burken. En stor rulle med **sedlar** fyller resten av burken.

Röda Korset ist das schwedische Rote Kreuz, das – wie die deutsche Entsprechung – einige Second-Hand-Läden betreibt.

Det är samma sak med alla de andra burkarna. Fyra timmar senare lutar sig Helena tillbaka i skrivbordsstolen. Hon ser på högarna av sedlar som ligger där. Det är yen, dollar och euro. I en del burkar ligger smycken. Vad ska jag göra med det här? tänker hon.

Jag kan inte gå till banken för då ringer de till polisen. Hon **funderar**. Sedan ringer hon till advokaten som bor på ett hotell i Visby. Han har redan ringt tre gånger och frågat om de kan träffas för att äta middag. Helena har aldrig tid. Men nu ringer hon. "Jag ska öppna fasters **kassaskåp**", säger hon. "Jag är mycket tacksam om du vill vara här då. Kanske finns det papper i det som du behöver titta på." Advokaten blir jätteglad och lovar att komma med en gång. Helena fyller kassaskåpet med så många sedlar hon kan och låser det sedan.

knapp *u*	Knopf
böra	sollen
sedel *u*	Geldschein
fundera	nachdenken
kassaskåp *n*	Geldschrank, Safe
ramla baklänges	nach hinten umfallen
förvåning *u*	Erstaunen
övertyga	überzeugen

Advokaten **ramlar baklänges** av **förvåning** när han ser vad som finns i kassaskåpet. Det tar honom tre timmar att **övertyga**

bankens direktör om att detta inte är **penningtvätt** utan arvet efter en excentrisk gammal dam, som redan har stora tillgångar i banken. Helena får sätta in pengarna på sitt konto.
Bra, tänker hon. Då har jag tvättat sju miljoner.
"Lilla Helena", säger advokaten. "Du behöver verkligen en man som kan ta hand om dig." Han försöker ge henne en **kram**, men Helena börjar hosta våldsamt.
"Jag ska fundera på det", säger hon.

Helena och hundarna tar båten tillbaka till Nynäshamn. Snart förstår hon att hon är **skuggad**.
Två män följer efter henne hela tiden.
Helena går in på toaletten och tar så många pappershanddukar som hon får ner i väskan. När båten närmar sig Nynäshamn går hon ner till bilen. Hon tar av sin **kavaj** och fyller den med pappershanddukar. Hon sätter på sig sin hatt. Snabbt kör hon från Nynäshamn upp till Stockholm. Hon kör in i garaget till sitt hus. Hon parkerar bilen i ett mörkt hörn. Snabbt är hon ur bilen. Hon släpper ut hundarna och sätter kavajen i **förarstolen**. Ovanpå sätter hon hatten. Hon tar väskan och springer mot **hissen**. När hissens dörrar stängs hör hon en bil som kör ner i garaget. Hissen stannar i gatuplanet. Hon kastar hon sig ut i trapphuset och springer mot ytterdörren. En våldsam explosion skakar huset. Den kommer från garaget. Hon öppnar dörren och springer mot fasters bil som står parkerad utanför huset. Bilfirman, som körde bilen till Stockholm, har **lovat** att ställa den där. Hundarna hoppar in. Polissirener tjuter och Helena möter tre

penningtvätt *u*	Geldwäsche
kram *u*	Umarmung
ϟ **skugga**	verfolgen
kavaj *u*	Jackett
förarstol *u*	Fahrersitz
hiss *u*	Aufzug
lova	versprechen

E4, Europastraße 4, verläuft von der finnischen Grenze im Norden durch ganz Schweden und endet in Helsingborg im Süden.

brandbilar när hon kör E4 söderut.

I väskan bredvid henne ligger det brev som advokaten gav henne. Hon har läst det.

Kära *Helena,*

När du läser det här brevet finns jag inte längre. Jag är inte den person som du tror att du känner. I början av min karriär var jag ganska naiv. Jag förstod inte vilken sorts affärer Firman höll på med. När jag sedan såg sanningen var det **för sent**. *Jag var fast. Det blir du som får städa upp efter mig. Jag är övertygad om att du kommer att göra det på rätt sätt. Det finns inget hus i Provence, men det finns ett mycket fint hotell vid Boden***sjön**. *Du står redan som ägare till hotellet. Jag lärde mig mycket av männen i Firman.* **Bland annat** *hur man* **skaffar sig** *en ny identitet. För att inte Firman ska hitta dig så har du fått en ny identitet.*

Alla **handlingar** *finner du i detta kuvert.*

Allt gott önskar dig din faster som alltid **höll** *dig mycket* **kär**.

kär	lieb
för sent	zu spät
sjö *u*	See
bland annat	unter anderem
skaffa sig	etw. anschaffen
handling *u*	*hier:* Akte, Dokument
hålla kär	lieb haben
mål *n*	Ziel
backspegel *u*	Rückspiegel

Helena ser på GPS: en 177 mil till **mål**.

Hon fingrar på den tunga guldkedjan som hänger runt hennes hals.

"Korv", säger hon. Två par hundögon ser uppmärksamt på henne i **backspegeln**. "Korv heter Wurst på tyska. Kom ihåg det!"

Sluttentamen
Lösningar
Ordlista
Förteckning över övningar

Sluttentamen

Övning 1: Översättning. Übersetzen Sie die folgenden Sätze!

1. Berglund ser på sina nyputsade kängor.

___

2. En skön värme sprider sig i huset.

___

3. Polis! Stanna! Jag skjuter!

___

4. Vad är det som händer?

___

Övning 2: Prepositioner. Ergänzen Sie die fehlenden Präpositionen!

1. Andersson ligger ________ verandan.
2. Han har en ren skjorta ________ sig.
3. Det brinner en eld ________ kaminen.
4. Han ser ________ klockan.

Övning 3: Ordkunskap. **Wie heißen die Familienmitglieder? Übersetzen Sie!**

1. Vater ____________________
2. Bruder ____________________
3. Tante ____________________
4. Großvater ____________________
5. Cousin ____________________
6. Nichte ____________________

Övning 4: Vad är rätt? **Kreuzen Sie die richtige Antwort an!**

1. ❒ **a)** Helena ska arbeta hela sommaren.
   ❒ **b)** Helena ska ha semester.
2. ❒ **a)** Helena bor i Visby.
   ❒ **b)** Helena bor i Stockholm.
3. ❒ **a)** I Helenas akutväska ligger korv.
   ❒ **b)** I Helenas akutväska ligger pass och pengar.
4. ❒ **a)** Bilregistret är offentligt.
   ❒ **b)** Bilregistret finns bara för polisen.
5. ❒ **a)** Glödhoppor är ett annat namn för kaniner.
   ❒ **b)** Glödhoppor är saltat, grillat lammkött.

Övning 5: Ordorm. **Welche Wörter finden Sie in der Wortschlange? Unterstreichen Sie!**

larppolisstationogmprecismndkkvällnarodatorllpemkontorrtsvägendvfesprit

Övning 6: Fyll i tomrummen. **Ergänzen Sie den Text mit den fehlenden Wörtern!**

1. Helena finner mycket ____________________ i fasters olika burkar.
2. Läkare utan gränser får ____________________ dollar.
3. Helena lägger sina pengar och nycklar i ett litet ____________________ när hon joggar.
4. Anders och Helena är ____________________.
5. Visby kallas för ____________________ stad.

Lösningar

Iskallt mord

Övning 1: **1.** snödriva **2.** hönshus **3.** täcke **4.** strö

Övning 2: **1.** och **2.** som **3.** Varför **4.** bredvid **5.** ingenting **6.** Utanför

Övning 3: **1.** vid **2.** över **3.** till **4.** i **5.** på

Övning 4: **1.** tjugofyra **2.** fyrtiofyra **3.** femtiofem **4.** sextio-åtta **5.** sjuttiosex

Övning 5: **1.** vänster **2.** knä **3.** snö **4.** bil **5.** bandy **6.** konstig **7.** ögon **8.** värdshus
Lösung: väninnor (*Freundinnen*)

Övning 6: **1.** fel (Skotta snö är det värsta Andersson vet.) **2.** fel (S. är värdshusvärd.) **3.** fel (Sjöström var Ch.s älskare.) **4.** fel (Andersson är chef.) **5.** rätt

Övning 7: **1.** stannar **2.** ser **3.** sovit **4.** borstat **5.** stoppar **6.** stänger

Övning 8: **1.** sälja **2.** betalt **3.** namn **4.** nära **5.** foten **6.** för-bannad **7.** skriker **8.** funderar **9.** reagerar

Övning 9: **1.** stannar **2.** pratar **3.** sitter **4.** stirrar **5.** kom-mer **6.** tänker

Övning 10: **1.** män **2.** dörrar **3.** väninnor **4.** hönor **5.** blom-mor **6.** kollegor

Den tomma båten

Övning 1: **1.** rätt **2.** fel (Tova är inte polis, hon är en kvinna.) **3.** fel (Sigge har hittat en död man.) **4.** rätt

Övning 2: **1.** pulsen **2.** bilar **3.** kvicka **4.** timme

Övning 3: **1.** hundar **2.** poliser **3.** bilar **4.** kannor **5.** ögon

Övning 4: **1.** d **2.** c **3.** e **4.** a **5.** b

Övning 5: **1.** Olof tog sig till stan på cykel. / Olof cyklade till stan. **2.** Det var en grå och gul cykel. / Den var grå och gul. **3.** Lena kör en Volvo C70.

Övning 6:

T	Y	F	R	**K**	**L**	**U**	**N**	**K**	N
F	**Ö**	**R**	**Ä**	**L**	**S**	**K**	**A**	**D**	**V**
E	R	M	I	Z	L	**K**	F	U	**A**
C	D	O	L	N	H	**A**	S	N	**T**
B	**R**	**Y**	**G**	**G**	**A**	**F**	O	L	**T**
U	N	K	M	A	P	**F**	I	M	**E**
T	H	Z	Y	H	J	**E**	L	Y	**N**
D	**V**	**I**	**N**	**N**	**A**	**R**	**E**	B	L

Övning 7: **1.** åker **2.** närmar **3.** står **4.** grälar

Övning 8: **1.** trött – tröttare – tröttast **2.** stel – stelare – stelast **3.** dyr – dyrare – dyrast **4.** gammal – äldre - äldst

Övning 9: **1.** båtar **2.** cyklar **3.** nätter **4.** datorer **5.** stolar

Övning 10: **1.** i **2.** på **3.** i; på

Övning 11: **1.** rummet **2.** sängen **3.** koftan **4.** armarna

Farlig midsommar

Övning 1: **1.** b **2.** b **3.** b **4.** b **5.** a

Övning 2: **1.** sängar **2.** hus **3.** trappor **4.** somrar **5.** blommor

Övning 3: **1.** gå **2.** vägen **3.** tittar **4.** väntar **5.** Snabbt **6.** ingen **7.** tillbaka

Övning 4: **1.** Kom! **2.** Kör! **3.** Åk! **4.** Ta fast! **5.** Stå!

Övning 5: **1.** e **2.** c **3.** f **4.** g **5.** a **6.** b **7.** d

Övning 6: **1.** med **2.** Framför **3.** igenom **4.** in **5.** i **6.** i **7.** på **8.** Om

Övning 7: **1.** ros **2.** springer **3.** igen **4.** korv **5.** klippa

Övning 8: **2.** sov **3.** stod **4.** går **5.** säljer **6.** låg **7.** gör **8.** häller

Övning 9: **1.** c **2.** d **3.** f **4.** e **5.** a **6.** b

Övning 10: **1.** aber **2.** Tante **3.** Bruder **4.** Onkel **5.** Pfad **6.** Opa **7.** Oma **8.** Schiff **9.** Vater **10.** während **11.** dunkel
Lösungswort: barndomsvän (*Kindheitsfreund*)

Tentamenslösningar

Övning 1: **1.** Berglund schaut seine frisch geputzten Stiefel an.
2. Eine schöne/angenehme Wärme verbreitet sich im Haus.
3. Polizei! Halt!/Stehen bleiben! Ich schieße!
4. Was passiert?/Was ist los?

Övning 2: **1.** under **2.** på **3.** i **4.** på

Övning 3: **1.** pappa/far **2.** bror **3.** faster/moster **4.** morfar/farfar **5.** (manlig) kusin **6.** brorsdotter/systerdotter

Övning 4: **1.** b **2.** b **3.** b **4.** a **5.** b

Övning 5: lappolisstationomprecismndkkvällarodatorllemkontorrtsvägendvfesprit

Övning 6: **1.** pengar **2.** tjugo miljoner **3.** etui **4.** barndomsvänner **5.** rosornas

Ordlista

ϟ = umgangssprachlich
u = Utrum (en)
n = Neutrum (ett)
pl = Plural
irr = unregelmäßig

advokat *u*	Rechtsanwalt
affär *u*	Geschäft
ägare *u*	Besitzer
ägodel *u*	Besitz
akutväska *u*	Erste-Hilfe-Tasche
alldeles	ganz
allvarlig	ernst
altan *u*	Terrasse
andas ut	ausatmen
annorlunda	andersartig
ansikte *n*	Gesicht
ansvarig	zuständig, verantwortlich
antagligen	vermutlich
anteckning *u*	Notiz
ära *u*	Ehre
arg	wütend
ärva	erben
ärvd	geerbt
armbåge *u*	Ellenbogen
artig	höflich
arvsskifte *n*	Erbteilung
automatlås *n*	Zentralverriegelung
avboka	absagen, stornieren
avbryta *irr*	unterbrechen
avel *u*	Zucht
axel *u*	Schulter
backspegel *u*	Rückspiegel
bakhuvud *n*	Hinterkopf
baksida *u*	Rückseite

bardisk *u*	Bartheke
barndom *u*	Kindheit
bastu *u*	Sauna
bekymrad	besorgt
beroende *n*	Sucht, Abhängigkeit
berusad	betrunken
bete sig	sich verhalten
beslut *n*	Entscheidung
besvärad	peinlich berührt
betalningsanmärkning *u*	Mahnung, Zahlungsaufforderung
bilregister *n*	Fahrzeugregister
bjuda *irr* **på**	anbieten
bland annat	unter anderem
blek	blass
bli arg	wütend werden
blunda	Augen schließen
bokhylla *u*	Bücherregal
bostadshus *n*	Wohnhaus
bredvid	neben
broderad	bestickt
brottplats *u*	Tatort
brygga *u*	Steg
bryta *irr* **sig in**	einbrechen
bröllop *n*	Hochzeit
bufflig	ungeschliffen, aufdringlich
burk *u*	Dose
bus *n*	Unfug
buskage *n*	Gebüsch
by *u*	Dorf
byrålåda *u*	Schublade
båt *u*	Schiff, Boot
böja sig her	sich bücken, sich hinunterbeugen
böra *irr*	sollen
dagens ungdom	die heutige Jugend
dammtrasa *u*	Staubtuch
darra	zittern
dator *u*	Computer
deckare *u*	Krimi
dela	teilen
delägare *u*	Teilhaber
det är bråttom	es eilt
dold	versteckt
domdera	herumkommandieren
donera	spenden

dra efter andan	heftig einatmen
dra åt	zuziehen
duk *u*	Tischdecke
dyna *u*	Sitzkissen
dyrbar	wertvoll, kostbar
dyster	düster
dö	sterben
dölja *irr*	verbergen
ekobrottsmyndigheten *u*	Amt für Wirtschaftskriminalität
eld *u*	Feuer
enkel	einfach
envis	hartnäckig, stur
erbjuda sig *irr*	sich bereit erklären
erkänd	anerkannt
ett litet tag	eine (kurze) Weile
fartdåre *u*	Raser
faster *u*	Tante (väterlicherseits)
fastighet *u*	Immobilie
ficklampa *u*	Taschenlampe
filt *u*	Decke
fjäder *u*	Feder
flera	einige, mehrere
flock *u*	Herde, Schwarm
(o)fräsch	(nicht) frisch, (nicht) sauber
fläsk *n*	Schweinefleisch, Speck
fly	fliehen, weglaufen
fnissa	kichern
foderbänk *u*	Futterbank
fort	schnell
framsäte *n*	Vordersitz
fria	einen Heiratsantrag machen
frossa *u*	Schüttelfrost
frossa	*hier:* schlemmen
frukostbullar *pl*	Brötchen
fruktansvärd	schrecklich
frusen	gefroren, erkaltet
ful	hässlich
fundera	nachdenken
fylla *u*	Suff, Trunkenheit
få *irr* **för sig**	einen Einfall bekommen, eine Idee haben
fånga in	einfangen
får *n*	Schaf
fåtölj *u*	Sessel
fängelse *n*	Gefängnis

färga ngt	etw. färben
färjeläge *n*	Fähranleger
för ngns (egen) skull	jmd. zuliebe
för sent	zu spät
föra ett fasligt liv	furchtbaren Lärm machen
föra över	überweisen
förarstol *u*	Fahrersitz
förbaskad	verdammt
fördärv *n*	Verderben, Ruin
föreställa	darstellen
förhållande *n*	Beziehung, Verhältnis
förnekelse	Verleugnung, Weigerung
förnöjd	vergnügt
förstärka	verstärken
förstöra	zerstören
försvårande *n*	Erschweren
förvirrad	verwirrt
förvånad	überrascht
förvåning *u*	Erstaunen
förälskad	verliebt
fösa undan	zur Seite schieben
gapskratta	schallend lachen
gatukök *n*	Imbissstand
genast	sofort
generad	verlegen
genuin	echt
gift	verheiratet
gifta sig	heiraten
gissa	schätzen, raten
glömma	vergessen
gnugga	reiben
ϟ **grabb** *u*	Junge, Bursche
granne *u*	Nachbar
grusväg *u*	Schotterstraße
grå	grau
gråta *irr*	weinen
gräla	streiten
gräva fram	ausgraben
gul	gelb
ϟ **gå** *irr* **vägen**	klappen, funktionieren
gå ner	untergehen
gås *u*	*hier*: Schaumkrone; Gans
gåta *u*	Rätsel
gädda *u*	Hecht
gäng *n*	Gruppe, Clique

gärningsman *u*	Täter
gömd	versteckt
gömma sig	sich verstecken
ha råd	sich leisten können
hacka	picken
handflata *u*	Handfläche
handling *u*	*hier:* Akte, Dokument
handtag *n*	Griff
hejda sig	stoppen
heltid *u*	Vollzeit
hemsk	schrecklich
hinna *irr*	(zeitlich) schaffen
hiss *u*	Aufzug
hitta på	sich ausdenken
hjälpas åt	sich gegenseitig helfen
hjärta *n*	Herz
hjärt-lungräddning *u*	Herz-Lungen-Wiederbelebung
hotfull	drohend
hovmästare *u*	(Ober-)Kellner
hud *u*	Haut
humör *n*	Laune
husrannsakan *u*	Hausdurchsuchung
husvakt *u*	Haussitter
huvudstupa	kopfüber
hål *n*	Loch
hålla *irr* **ihop**	*hier:* zusammenbleiben
hålla kär	lieb haben
hånflina	höhnisch grinsen
händelseförlopp *n*	Verlauf, Hergang
hö *n*	Heu
högtalare *u*	Lautsprecher
höna *u*	Huhn (zool.)
hönshus *n*	Hühnerstall
höra av sig till ngn	sich bei jdm. melden
i femtioårsåldern	um die fünfzig (Jahre alt)
ϟ **i full fart**	rasend schnell, mit Karacho
i morse	heute morgen
i tjänst	im Dienst
id-kort *n*	Personalausweis
inbillning *u*	Einbildung
inbrott *n*	Einbruch
ingenstans	nirgendwohin, nirgends
inlagd sill *u*	eingelegter Hering
innan dess	davor
innehåll *n*	Inhalt

inte få en blund i ögonen	kein Auge zumachen können
julsång *u*	Weinachtslied
ϟ **jävel** *u*	Dreckskerl
ϟ **jävla**	verdammt, verflucht
kackla	gackern
kalla	nennen
(bras-)kamin *u*	(Feuer-)Kamin
kaninbur *u*	Kaninchenkäfig
kapsyl *u*	Flaschendeckel
kassaskåp *n*	Geldschrank, Safe
kastrull *u*	Kochtopf
kavaj *u*	Jackett
klappa	streicheln
klia sig i huvudet	sich am Kopf kratzen
klippavsats *u*	Felskante
klumpig	ungeschickt, unbeholfen
klunk *u*	Schluck
knacka	klopfen
knapp *u*	Knopf
ϟ **knark** *u*	Drogen, *hier:* Drogendezernat
knuff *u*	Schubser
kofot *u*	Brechstange
ϟ **kolla upp**	kontrollieren, nachschauen
komma fram	herauskommen
komma *irr* **ihåg**	sich erinnern
komma på ngt	auf etw. kommen
ϟ **kompis** *u*	Kumpel
konstig	komisch, seltsam
kopparfärgad	kupferfarben
koppel *n*	Leine
korv *u*	Wurst
kostym *u*	Anzug
kram *u*	Umarmung
krama	umarmen
krets *u*	Kreis
krusning *u*	*hier:* kleine Welle
krydda *u*	Gewürz
krypa	kriechen
kuvert *n*	Briefumschlag
kvarter *n*	(Straßen-)Block
kvick	schnell
kvävd	erstickt
kyckling *u*	Küken; Hähnchen (Essen)
kylig	kühl, frisch
kylskåp *n*	Kühlschrank

källare *u*	Keller
kämpa	kämpfen
känga *u*	Stiefel
känna igen ngn	jmd. wiedererkennen
känna	(persönlich) kennen
kär	lieb
lammskiva *u*	Lammscheibe
lantbrevbärare *u*	Landbriefträger
lantras *u*	Landrasse
le *irr*	lächeln
leende *n*	Lächeln
leta	suchen
lik *n*	Leiche
livsmedelskedja *u*	Lebensmittelkette
livvakt *u*	Leibwächter
ljud *n*	Geräusch
ljus	hell
lova	versprechen
lucka *u*	Klappe
lugna ner sig	sich beruhigen
lunga *u*	Lunge
lura	*hier:* lauern
luta sig fram	sich nach vorne lehnen
lutad	gebückt, gebeugt
lyckas	erfolgreich sein, gelingen, schaffen
lysknapp *u*	Lichtschalter
låtsas	vorgeben
lägenhet *u*	Wohnung
lägga *irr* **i backen**	Rückwärtsgang einlegen
lämna över	überreichen
lättnad *u*	Erleichterung
lök *u*	Zwiebel
löksås *u*	Zwiebelsoße
lönsam	rentabel
losa ut	auszahlen
lösenord *n*	Passwort
mata	füttern
matchning *u*	Übereinstimmung
matte *u*	Frauchen
medan	während
medge	zugeben
minne *n*	Erinnerung, Gedächtnis
mittemot	gegenüber von
morra	knurren
muntra upp	aufheitern

muttra	brummen, murmeln
mål *n*	Ziel
möbelsnickare *u*	Schreiner
möda *u*	Mühe
mördare *u*	Mörder
mörk	dunkel
mössa *u*	Mütze
narkotikaberoende	drogenabhängig
nedersta våningen	Erdgeschoss
nedklottrad	aufgekritzelt
noggrann	genau
nosa	schnüffeln, riechen
nu för tiden	heutzutage
nuläge *n*	aktuelle Situation
nyfiken	neugierig
nyheter *pl*	Nachrichten
nyktra till	nüchtern werden, ausnüchtern
nynna	summen
näst efter	nach, neben
nöjd	zufrieden
oförskämt	unverschämt
olycka *u*	Unfall
olyckshändelse *u*	Unfall, Unglück
orka med	verkraften, schaffen
oro *u*	Sorge, Unruhe
orolig	besorgt
otrolig	unglaublich
otur *u*	Pech
parasoll *u, n*	Sonnenschirm
peka	zeigen
penningtvätt *u*	Geldwäsche
pirra	kribbeln
plinga	klingeln
plocka fram	hervorholen
prassla	rascheln
prick *u*	Punkt
prydlig	ordentlich
pulsa	stapfen
på omvägar	über Umwege
påstå *irr*	behaupten
påverkad	betrunken
pöl *u*	Pfütze
ramla baklänges	nach hinten umfallen
randig	gestreift
redovisning *u*	Buchhaltung

resa bort	verreisen
resa sig	aufstehen
rimma	*hier:* in Salzlake einlegen
ringmur *u*	Ringmauer
riva *irr*	kratzen
rivmärke *n*	Kratzer
rivsår *n*	Kratzwunde
ro	rudern
ϟ **ruckel** *n*	Bruchbude
rusa	rennen, eilen
ruttna	verrotten
ϟ **rygga** *u*	Rucksack (Kurzform v. ryggsäck)
rykte *n*	Gerücht; Ruf
rynka pannan	die Stirn runzeln
ryta *irr*	brüllen
räcka fram handen	die Hand reichen
rädda	retten
rättsläkare *u*	Rechtsmediziner
rödvinsfläck *u*	Rotweinfleck
röra på sig	sich bewegen
röra sig om ngt	sich um etw. drehen, um etw. gehen
rörelse *u*	Bewegung
röst *u*	Stimme
salmbärssylt *u*	Kratzbeerenkonfitüre
sammanbiten	verbissen
sedel *u*	Geldschein
semester *u*	Urlaub
senapssill *u*	gesalzener Hering in einer Senfsoße eingelegt
sidogata *u*	Seitenstraße
sjunka *irr*	sinken
självutnämnd	selbst ernannt
sjö *u*	See
sjökant *u*	Seeufer
skaffa sig	etw. anschaffen
skaka	schütteln, rütteln
skilja sig	sich scheiden (lassen); sich trennen
skillnad *u*	Unterschied
skilsmässa *u*	Scheidung
skjuta *irr*	schießen
skjutsa ngn	jdn. fahren
skog *u*	Wald
skotta snö	Schnee schaufeln
skruva på sig	sich winden

skruva	(an)schrauben
skruvdragare *u*	elektrischer Schraubenzieher, Akkuschrauber
skräp *n*	Kram, Gerümpel
skröplig	heruntergekommen
ϟ **skugga**	verfolgen
skugga *u*	Schatten
skum *n*	Schaum
skummande	schäumend
skumpa	rumpeln
skylt *u*	Schild
skynda	sich beeilen
skåpbil *u*	Lieferwagen
skälla	bellen
slips *u*	Kravatte
sluta	aufhören
slå ihjäl ngn	jmd. umbringen
slå *irr* **sig ner**	sich hinsetzen
slå *irr* **vad**	wetten
släkting *u*	Verwandte(r)
slänga	wegwerfen
smussel *n*	Heimlichtuerei
smycke *n*	Schmuck
smyga *irr*	schleichen
snabb	schnell
snickare *u*	Tischler, Schreiner
snickra	schreinern
snurra	kreisen, drehen
snyftning *u*	Schluchzen, Schluchzer
snyta sig *irr*	sich die Nase putzen
snöflinga *u*	Schneeflocke
snöplog *u*	Schneepflug
somna om	einschlafen
soptunna *u*	Mülleimer
sorg *u*	Trauer
sorglig	traurig
spana på ngn	jdn. im Blick haben, beobachten
sparka	treten, einen Tritt geben
spelskuld *u*	Spielschuld
sprattla	zappeln
sprida *irr*	verbreiten
ϟ **sprit** *u*	Alkohol
spåra	aufspüren
spänd	angespannt
spänna ögonen i ngn	jdn. scharf ansehen

stamtavla *u*	Stammtafel
stappla	stolpern
stekt ägg *n*	Spiegelei
stekt	gebraten
stel som en pinne	steif wie ein Stock
(skogs-)stig *u*	(Wald-)Pfad
stiga	aufgehen
stilig	elegant, stilvoll
storgråta *irr*	heftig weinen
strimma *u*	*hier:* Äderchen; Streifen
strypa	erwürgen
strålkastare *u*	Scheinwerfer
stubbe *u*	Baumstumpf
städa	aufräumen
ställning *u*	Position, Stellung
stängsel *n*	Zaun, Gatter
sucka	seufzen
ϟ **supa** *irr*	saufen
sur	sauer
svans *u*	Schwanz (Tier)
svår	schwer
svälja *irr*	schlucken
syfta på	sich beziehen auf, meinen
synas till	zu sehen sein
sysselsatt	beschäftigt
Så roligt!	Wie nett! Wie schön!
sår *n*	Wunde
säkerhet *u*	Sicherheit
sätta *irr* **sig på huk**	in die Hocke gehen
söderut	nach Süden
ta *irr* **ett djupt andetag**	tief einatmen
ta *irr* **hand om ngn/ngt**	auf jmd./etw. aufpassen
ta *irr* **reda på**	herausfinden, herausbekommen
ta *irr* **sig till**	*hier:* tun
ta *irr* **slut**	*hier:* auseinandergehen
Tack och lov!	Gott sei Dank!
tak *n*	Dach
takskiva *u*	Deckplatte
tidig	früh
tidning *u*	Zeitung
tidningsbud *n*	Zeitungsbote
tiga *irr*	schweigen
tillbringa	verbringen
tillgodohavande *n*	Guthaben
tillhöra ngn	jdm. gehören

titta till ngn	nach jdm. schauen
tjänstevapen *n*	Dienstwaffe
toffla *u*	Pantoffel
tokig	verrückt
tokroligheter *pl*	Späße, Verrücktheiten
tom	leer
tomt *u*	Grundstück
torka	trocknen
trapphus *n*	Treppenhaus
trasig	kaputt
trasmatta *u*	Flickenteppich
trassel *n*	Schwierigkeiten
treva	tasten
trevlig	nett
trilla	(um-)fallen
trygg	sicher, geborgen
trygghet *u*	Geborgenheit
tråkigt	*hier:* schade
trädgård *u*	Garten
tröjärm *u*	Pulloverärmel
tupp *u*	Hahn (zool.)
tveka	zögern
tvärstanna	plötzlich anhalten, stehenbleiben
tvärtom	umgekehrt
tydligen	anscheinend
Tyst med dig!	Sei still!
tår *u*	Träne
tändningslås *n*	Zündschloss
tänka	denken
underström *u*	Unterströmung
undra	(sich) fragen
ungdomar *pl*	Jugendliche
Upp med händerna!	Hände hoch!
uppbrott *n*	Aufbruch
uppbyggd	aufgebaut
uppfatta	verstehen
uppgörelse *u*	Abrechnung
uppriven	aufgerissen
upptäckt *u*	Entdeckung
uppvaknande *n*	Erwachen, Aufwachen
utbrista	ausrufen
utdragen	ausgezogen
utmärkt	ausgezeichnet
utnyttja	ausnutzen
utpressning *u*	Erpressung

utredning *u*	Ermittlung
vakthavande	diensthabend
vapen *n*	Waffe
vara delaktig i ngt	an etw. beteiligt sein
vara i fred *u*	in Ruhe gelassen werden
vara mån om ngt	auf etw. bedacht sein
vara rädd	Angst haben
vardagsrum *n*	Wohnzimmer
vask *u*	Spülbecken
vass *u*	Schilf
verka	scheinen
verktyg *n*	Werkzeug
vifta	wedeln
vik *u*	Bucht
vildkatt *u*	Wildkatze
vilstol *u*	Liegestuhl
vinglig	schwankend
vittne *n*	Zeuge
våga	sich trauen
våldsam	gewaltsam
vägra	sich weigern
välstädat	sauber, aufgeräumt
välta	*hier:* ausschütten
värdinna *u*	Gastgeberin
värdeföremål *n*	Wertsache
värdshus *n*	Gasthaus
värpa	Eier legen
väsa	zischen, fauchen
yrvaken	schlaftrunken, gerade aufgewacht
ytterkläder *pl*	Jacken, Mäntel
ytterligare	zusätzlich; noch
ångra	bereuen
åra *u*	Ruder
återkomma	zurückkommen
återställa	wiederherstellen
örfil *u*	Ohrfeige
örngott *n*	Kopfkissenbezug
övergiven	verlassen
överlägsen	überlegen
övertyga	überzeugen

Förteckning över övningar